Hétérotopies, communautés, lieux de vie

異

異托邦
共同體
生命之所在

阿蘭・布洛薩 (Alain Brossat)・著
湯明潔、陳韋勳、王紹中・譯
羅惠珍・審校

目　錄

序
（複數）空間的政治

王志弘
國立臺灣大學建築與城鄉研究所教授

異托邦（或譯：差異地點、異質地方、異質空間、異境、異端地帶……）（王志弘，2016：77），在傅柯著作中所占篇幅極小卻影響廣遠，在眾多學術領域中有如槓桿般，撐起繁雜多樣的主題以及思辨論述的熱情。異托邦介於真實空間與虛構烏托邦之間的定位（Foucault, 1986），以及其異質、其他、另一個、對比、倒轉、爭議等含義，在多重場域中啟動了擾動潛能。

誠如布洛薩所論，異托邦概念的價值在於其所激發的批判能力，促使我們脫離既有社會秩序，並示範另一種存在、視角及發展的可能性。但是，布洛薩也提醒我們，必須警覺異托邦概念在廣泛挪用卻失去了批判力道後，淪為「各種機會主義、裝飾性和無毒無害的用法」，取代不再有號召力的烏托邦的「撫慰人心」效果，卻隱去「令人不安」的作用。

當然，「作者已死」，概念的內涵和運用會不斷衍伸挪

移,以迄膨脹、甚而爆破。學界對異托邦的理解,除了凸顯其抵抗或超越作用外,也有強調異托邦應著眼於創造差異而非投入二元式抵抗(Johnson, 2013),或可以發揮對照或揭露的效果,甚至(有如安全閥般)穩定秩序者(王志弘,2016:83)。不過,若學術介入已是政治實踐,即使面臨曖昧、模糊而不確定的現實,我們仍然必須揭明自身的價值。就此而論,布洛薩在本書中追尋異托邦而開啟的批判旅程,確實有著鮮明立場,具現於:芒通墓園;盧梭《孤獨漫步者的遐想》在被逐離人類共同體後,萌生的「與自我的共同體」(落腳於聖皮耶島);二戰太平洋戰役電影中以敘事想像力創造的小島異托邦;針對臺灣(又一座島嶼)宜居性災難的反思,以及串接異托邦、共同體和生命之所在的可能出路。這樣的立場限縮了氾濫的異托邦挪用,聚焦於批判、異議,以及偏離社會主流的持續生成過程,一段尋覓並建造共同體與生命之所在的歷程。

安置於序言撰寫者的位置,同時在城鄉規劃領域從事空間研究的「我」,與其引介本書內容而有「爆雷」之弊,不如嘗試展現異托邦作為分析工具的其他潛能,並將其捲入(複數)空間政治的爭議場域,兼論臺灣的環境規劃困境,以及異托邦如何可能是空間政治的槓桿。首先,我們來檢視序言的時空政治與翻譯的異托邦。

一、知識迻譯╱疑義的異托邦

1.「序」的異質時空

　　書序是引介與轉化的時空。在臺灣，專業學術或知識普及類的書籍，無論是華文著作或外文迻譯，在作者自序或前言之外，經常還有另行邀請預設與該書主題有關人士撰寫的序、導讀或推介（在較罕見的場合，有跋或後記）。雖無精確統計，但憑印象，翻譯書籍的邀約寫序，似乎格外明顯。學術譯書中兼具導論、推薦及評述性質的序言，安置在正文或作者自序之前的空間，也占有讀者閱覽的時間序列之首，與其導引推薦的定位相互鞏固。

　　誠然，序言發揮了引介之效，但也鑲嵌於知識傳播和轉譯所捲動的權力關係之中。例如，晚清以降的華文翻譯史，實為「中國」現代化的關鍵環節。無論是轉手自日本，或從歐西文字直接翻譯或多重轉譯，帝國主義擴張、地緣政治經濟動盪、國族意識崛起、社會文化轉型等脈絡，都滲透於翻譯事業中，促使翻譯成為學習與啟蒙、支配與規訓、爭議與抵抗的紛繁場域（例見：Liu, 1995；劉人鵬，2000；黃克武，2010；張君玫，2012）。臺灣學術界於1980年代以後，伴隨本土化、民主化及社會運動等風潮，也掀起譯介歐美理論的潮流，包括將中國的簡體中文版譯作，轉化為臺灣繁體字版本（通常邀請本地學者校閱兼導讀），以及後續以本地新生代學者為主，在教學及研究之餘，翻譯單篇文章與專書

作為教材或宣揚新知的媒介（參考王志弘，2005）。

　　在引進新知的情境下，本地讀者被預設要進入渴求知識的承接位置，愈加凸顯西方學說的先進優勢，而譯書中的專序導讀，就成了銜接兩端、引領入門的啟蒙仲介。書序的時空位置，不僅預設了閱讀順序（當然，讀者大可跳過這項安排，逕自閱讀正文；我也期待讀者先略過眼前這篇密度過高的序），透露知識轉介的流程，更召喚了「先進宣揚」與「落後追趕」之間的時空差距，以及克服這種差距的慾望與實作。於是，譯書的序言可謂串連起知識政治多重但綿延的異質時空。序言撰寫者也可能由於在此異質時空的仲介角色，愈形彰顯且增進了在特定領域的代言詮釋權威，形象經常比譯者更為鮮明，除非譯者兼任導讀推介者。當迻譯的知識文本占取了經典或大師之名，尤其還被賦予批判之名時，這種情形就更為顯著。然而，無論是翻譯著作本身，還是書籍的推介導覽者，在知識的傳譯之外，能否開啟其他地域，也就是闢建出異托邦？

2.翻譯不只越界，也闢建異托邦

　　　翻譯承認了他者——源出文本的編撰者——是自身以外的意義中心。翻譯要求我們發覺他者語言的價值，以及我們自身語言的限制。……翻譯指的是，我們學習與差異共存、學習與文化的流變共存，以及學習與自我的不穩定共存的一整套實作（White, 1990: 257）。

　　翻譯是交流、橋接和轉化的工作。但翻譯行動亦錯身於特定歷史脈絡、社會情勢、經濟動態與政治角力中,成為權力競逐的載體或媒介。試想一些翻譯場景:破解二戰期間德國潛艦密碼,保護運補英國商船的譯碼戰;佛洛伊德據以窺探無意識的夢境解析,推敲經過凝縮和置換的線索;日本、中國與韓國的西學翻譯,構成現代性追趕計畫的基底,又是東亞文化交流互滲的場域;失聰人士以手語搭配表情與肢體動作的交流;更平凡的是,我們每日使用相同語言,卻經常詞不達意,溝通失誤。於是,迻譯捲入了歷史局勢和社會情境,也總是可能引起疑義,並且擾動文化秩序及其邊界,滋生新詞和新意。即使是被貶為「翻譯體」或「洋涇濱」的混種產物,也見證了翻譯的擾動和新創成效。

　　翻譯是跨界與劃界的政治。翻譯是文化越界行動,但越界的同時也預設且重劃了邊界。翻譯在尋求不同符號系統的符碼轉化與意義對照時,也被迫面對且承認異己的存在、異己與自身的差別,以及跨越此差別的方法和努力。劃界、越界、再劃界,既牽涉了溝通交流的功能,也涉及治理自我(我群)與他者(異己)關係的政治,並浮現了與異己共存的倫理實踐(王志弘,2015:4)。翻譯行動認可了異己的差異和價值,並在展現與橋接差異的同時,擾動了既有秩序、開創新事物的存在可能。於是,翻譯行動不只跨界,也關建了異托邦場景(王志弘,2016:91)。

　　當然，並非所有翻譯行動都能創建異托邦，一如不是一切坦露差異的場所都是異托邦。轉譯交流可能只是難以聽聞微弱聲音的眾聲喧嘩，差異盈溢只是琳瑯滿目的百貨商場。山川名稱改以原住民族語言標記；臺灣的大眾運輸工具如鐵路在花東線部分區段以阿美族語播音（遺留日語和日人殖民痕跡），與其他主要語言並陳；義務教育中的母語教學；部分都市公共場所提供的東南亞語言標示及摺頁。這些操作將相對弱勢者的符號及其預設的文化存在搬上檯面，是否迫使主流社會注意到值得尊重的異己價值，進而促進翻譯行動，構築異托邦效應，還有待確認。我們通過各種形式的翻譯，既增添譯入語的文化豐富度和歧異性，也建立與其他文化場域的聯繫，從而模糊了原本看似明晰的「邊界」，拓出廣闊的「邊境地帶」。這時候，蘊藏批判能力與想像力的異托邦，或許可以開始著根蔓生。

二、空間政治：以批判邁向解放，或者，以歧異導向批判

　　傅柯的異托邦概念界定，刻意與烏托邦之間形成張力：不同於真實空間，烏托邦是對於完美社會的想像（沒有真實地點），異托邦則是擁有真實場所的對抗基地，是「有效地啟動的烏托邦」。雖然我們可以標定異托邦的實際位置，卻因為它是一切地方的同時呈現、競逐及倒轉，反而位於所有

地方之外（Foucault, 1986）。於是，異托邦兼有真實與想像的特質，又與真實地方或現實世界之間有著凝縮並置、爭議、對抗的各種關係，從而具有擾動、批判，甚至轉化的效果。順此，異托邦成了空間政治的關鍵字。

布洛薩指出，某些馬克思主義者在抗拒史達林主義，並尋求理論第二春時，提出了烏托邦概念，例如布洛赫（Ernst Bloch）《希望的原理》（*Das Prinzip Hoffnung*）對烏托邦的廣泛探討，以及創造美好未來社會的寄望。布洛薩主張，相對於這種希望的歷史哲學，傅柯挾其空間思維中的異托邦，反對烏托邦的「撫慰及機會主義的用法」。然而，空間政治還有其他概念化及實踐方式，特別是地理學家的嘗試。下文將異托邦安置於空間政治的異質地勢中，思考糾纏於真實空間，烏托邦、異托邦及惡托邦（dystopia）之間，涵蓋經驗、想像與實踐的空間政治。

西方馬克思主義及廣義左翼的後續發展中，列斐伏爾（Henri Lefebvre）、哈維（David Harvey）、詹明信（Fredric Jameson）、索雅（Edward Soja）、羅斯（Gillian Rose），以及瑪西（Doreen Massey）等人，分別提出空間生產（production of space）與差異空間（differential space）、辯證烏托邦主義（dialectical utopianism）、後現代超空間（postmodern Hyperspace）中的認知繪圖（cognitive mapping）、社會—空間辯證（socio-spatial dialectic）與第三

空間（thirdspace）、弔詭空間（paradoxical space），以及時空政治（politics of Space/Time）與權力幾何學（power-geography）等概念，增益了空間政治的思考與批判語彙。這些概念及其論題，大致上可以區分為「以批判邁向解放」的馬克思主義路線，以及「以歧異導向批判」的後結構主義觀點，後者與傅柯的立場較為接近，但兩方不無交錯的可能。

　　首先，列斐伏爾在1960至1970年代的著述中，在反對史達林主義，也反對結構主義，但仍保有馬克思主義立場的脈絡下，提出日常生活、都市社會，以及（社會）空間的（社會）生產等論題，深刻影響了空間政治研究（例見：Lefebvre, 1976, 1984, 1991, 2003）。他主張，「以負面、批判的空間（或『人』或『社會』）烏托邦，來替換主導性的科技烏托邦，已經不再足夠」（Lefebvre, 1991: 25）。在這裡，他呼應了傅柯對於烏托邦概念的憂慮。不過，列斐伏爾的出路是提出社會空間（相對於物理空間和心靈空間）乃是社會產物的觀點。他主張，每個社會都必須生產相應的空間方能存續，但此社會主要是以「生產方式」這個典型馬克思語彙來理解，因而也有一段空間演變史。這段空間史，始自古代賦予神聖或禁忌意涵的絕對空間，經過逐漸商品化、資本主義化、理性化、去除身體的抽象空間，以及資本主義孕生的矛盾空間，再到彰顯使用價值和集體消費的差異空間。這正是從古代與封建社會邁向資本主義，再從資本主義之內

蘊矛盾導向社會主義的進程（Lefebvre, 1991）。

於是，列斐伏爾的差異空間雖然凸顯了差異，但仍屬於
通過空間生產論題的批判來謀求社會解放的進路。空間是生
產力與生產資料、生產的社會關係及其再生產的一環，但充
滿矛盾而邁向普遍爆炸。繼而，在以消費者運動為典型的對
抗中，於空間中進行階級鬥爭，寄望達致普遍自我管理，並
以使用價值為先的社會主義及其差異空間（Lefebvre,
1979）。

列斐伏爾的空間生產論題，還區分為空間實踐（spatial
practice；經驗）、空間再現（representations of space；構
想），以及再現空間（representational spaces；生活）這三個
層次（Lefebvre, 1991: 33）。他也以社會生產的社會空間，
來質疑心靈空間的透明性幻覺和物理空間的實在論幻覺。於
是，列斐伏爾提出了兩組三元架構：空間實踐、空間再現和
再現空間；以及，物理空間、心靈空間和社會空間。這些三
元組影響深遠，例如索雅便嘗試將列斐伏爾的空間三元組納
入他的「第三空間」論點，還直接類比於傅柯的真實空間、
烏托邦和異托邦（Soja, 1996）。此外，哈維也以他的絕對
空間（absolute space）、相對空間（relative space）和關係空
間（relational space）的空間存有論區分，與列斐伏爾的空間
生產三元組交錯，形成一個複雜的3×3空間分析框架
（Harvey, 2006: 135）。

　　值得一提的是，哈維批評傅柯的異托邦是過於靜態僵滯的絕對空間式概念，難以區分抵抗性的異托邦，與易於被資本主義收編的異托邦的差別。而且，由於幾乎所有地方都可以指稱為異托邦，因而顯得平凡無奇。他指出，傅柯主張船是極致異托邦的宣稱，「缺乏任何批判性、自主性及解放性；甚至，傅柯的文字直接可以挪用充作加勒比海豪華郵輪的商業文宣」（Harvey, 2009: 160-161）。哈維的批評似乎失了準頭，傅柯的異托邦是否就是孤立封閉的絕對空間，不無疑問。不過，布洛薩對於學界以撫慰及機會主義的方式挪用異托邦的反思，在此卻與哈維不謀而合。哈維通過前述批評，也正質疑了異托邦概念的濫用，會失去批判和解放性。

　　相較於傅柯的異托邦，哈維倡議的是列斐伏爾於《都市革命》（*Urban Revolution*）（Lefebvre, 2003；法文版為1970年）提出的「異位」（heterotopy或heterotopia）概念。哈維認為，列斐伏爾將「異位」解釋為差異的空間，是失範（anomie）和潛在轉型的空間，更重要的是將它們安置於辯證都市化概念中，令「異位」與作為表現性慾望的烏托邦之間保持張力，同時也跟「同位」（isotopy）（資本主義與國家已實現且理性化的空間秩序）之間保持張力，而非只是位居其外（Harvey, 2009: 161）。於是，同位、異位、烏托邦，再度構成一個三元組。

　　另一組類似的三元關係，出現於列斐伏爾在《空間的生

產》（*The Production of Space*；法文版為1974年）討論地方分化時，提出的三種地方（topias）範疇，即isotopia（類同的地方或空間）、heterotopia（對比的地方、相互排斥的空間），以及utopia（無地方的地方，象徵與想像的空間；或是不再擁有地方的地方，即絕對、神聖或可能的地方）。列斐伏爾強調，空間生產中的這些地方，彼此有著對抗、對比、互補及相似的關係（Lefebvre, 1991: 163, 366）。同位、異位、烏托邦（或者，類同之地、對比之地、無地之地），與傅柯的真實空間、異托邦、烏托邦，有著令人驚訝的相似。列斐伏爾的說法晚於傅柯1967年在建築研究學會的知名演講，哈維則指出：「幾乎可以肯定，列斐伏爾從他的建築界朋友那裡得知這場演講」（Harvey, 2009: 161），但其間關聯如何，實難以探知。

　　大致上依循正統馬克思主義立場的哈維，在他自己版本的空間政治中，除了倡議歷史唯物論必須增添地理向度，成為歷史地理唯物論，還提出不均等地理發展、空間修補（spatial fix）、時空壓縮等概念，替資本積累的運作邏輯和危機，補充了空間視角（Harvey, 1982, 1989）。哈維批評傅柯的異托邦概念，也不遺餘力的批判了烏托邦（Harvey, 2000），揭露當前資產階級烏托邦、新自由主義烏托邦、商品奇觀的退化烏托邦、科技烏托邦、新都市主義（new urbanism）的烏托邦式懷舊，以及特別是不同尺度的社群主

義烏托邦等等的誘惑虛幻特質。他也基於馬克思立場，回溯抨擊烏托邦社會主義的空想，未能立足於資本積累邏輯及階級鬥爭的現實。

　　但哈維也指出，烏托邦主義的空間操弄（spatial play）具有創造性和破壞性力量，是以想像力來探索可能性。再者，若要通往更好的社會，烏托邦願景仍有必要，但必須脫離盛行的空間形式烏托邦（utopia of spatial form）及其物質化的封閉退化（如門禁社區），也要警覺時間性社會過程烏托邦（utopia of social process）的浪漫主義無窮開放計畫（如自由市場推動的持續進步夢幻）。哈維認為，我們需要尋找能夠落實於空間形式的社會過程，一種動態變化的時空烏托邦主義（spatiotemporal utopianism），或者更好的說，是辯證烏托邦主義。辯證烏托邦主義乃「根植於我們當前的可能性，同時也指向人類不均等地理發展的不同軌跡」，簡言之，要界定某種替代出路，但它既非靜態的空間形式，也不是完美的解放過程（Harvey, 2000: 196），而是立足當下繁複交錯的社會生態過程，邁向持續修正的彼方目標。

　　立足當下而通往彼方的路徑圖，或許值得參考詹明信提議的，「後現代超空間」中的認知繪圖觀點。他指出，後現代的超空間是晚期跨國資本主義的空間變局。這種空間狀態超出了個人的自我定位能力，令人難以在感知上組織鄰近的周邊，也不易在可以繪製的外部世界地圖中，標定自身的位

置，陷入迷亂方位（disorientation）的處境。為了擺脫無法繪製身為主體而陷入其中的全球去中心網絡地圖的困局（Jameson, 1991: 44），詹明信倡議「認知繪圖」美學，以之作為社會主義政治計畫的關鍵環節（Jameson, 1988）。這是嘗試令個別主體得以感受置身全球體系之位置的啟發性政治文化，是再現跨國資本之世界空間的新模式。藉由認知繪圖，我們方能掌握身為個別和集體主體的定位，重獲行動與鬥爭的能力。所謂的後現代主義政治形式，就是要在社會與空間中創造且投射出全球性的認知繪圖（Jameson, 1991: 54）。

不過，詹明信雖然經常被指認為後現代理論家，但他的認知繪圖啟蒙教育，顯然帶有回歸整體性（totality）的企圖。無論列斐伏爾、哈維，或是詹明信，都沒有拋棄掌握當前複雜現實的全貌，並從中「解放」的企圖。於是，空間政治作為批判的介入方式，乃著眼於通往解放的潛能，而解放不僅來自於批判性的啟蒙，更重要的是組織、結盟、團結，以及付諸實踐的抵抗和重造。相對的，另外幾位地理學者，索雅、瑪西，以及羅斯，則比較強調差異或歧異作為批判，而未刻意凸顯左翼式的解放目標。

索雅在空間政治脈絡中，最初是提出「社會—空間辯證」主張，在類似哈維補充馬克思主義之空間向度的企圖下，主要基於列斐伏爾的觀點，倡議空間結構不應該只是社

會的（the social）反映或附帶現象，反而「應該將社會生產出來的空間，重新納入馬克思主義的分析」（Soja, 1980: 224-225）。不過，在他1989年出版的《後現代地理學》（*Postmodern Geographies*）中，他受到傅柯及後現代思潮影響，對社會空間辯證有了新的界定，提出更普遍化的論題，包括：「作為一種社會產物，空間性同時是社會行動與關係的中介與結果、前提與具現」，以及，「社會生活的時間性，從日常活動的例行事件到長期歷史創造，都植根於空間的偶然態勢（contingency），猶如社會生活的空間性植根於時間／歷史態勢」（Soja, 1989: 129-130）。

這個後現代地理學嘗試，後續導向了索雅在《第三空間》（*Thirdspace*）提出的兩組螺旋，或是他所謂的三元辯證（trialectic）：存有的空間性／歷史性／社會性三元辯證，以及，空間性的感知／構想／生活的三元辯證。後者顯然出自列斐伏爾的空間生產三元組，但索雅格外強調其認識論批判，而非在社會分析方面的運用。他主張，第一空間認識論（感知的實在論幻覺，真實空間），與第二空間認識論（構想的透明性幻覺，想像地理），必須以第三空間（生活之社會空間的真實與想像兼具）的兩兼其外（both/and also）與生三成異（thirding-as-othering）動力來吸納並超克之（Soja, 1996: 61）。如前所述，索雅將他取材自列斐伏爾的空間性之三元辯證，直接關聯到傅柯的真實地方、烏托邦和異托邦

的區分，貫串了「第三空間＝社會空間＝異托邦」的對應關係，呼應了開放衍異且持續創造差異、擾動秩序（以及歧異作為批判）的後結構主義思維。

值得注意的是，索雅在《第三空間》中廣泛引用女性主義批判和後殖民批判的空間概念，來增添第三空間的開放性，包含女性主義都市批判、女性主義地理學的弔詭空間、邊境跨越與交流、重塑邊界、重塑世界、邊緣作為抵抗與基進差異的空間等概念，也觸及薩依德（Edward Said）的想像地理，以及巴巴（Homi Bhabha）的第三空間（混種、介中）概念。例如，羅斯在女性主義地理學批判脈絡下提出的「弔詭空間政治」（politics of paradoxical space），乃是指不會複製同類（the same）與異類（the other）的排他空間，而是既置身於同類／異類之中，又位於「他處」的弔詭狀態；既在圈內，又在圈外，既在核心，又位居邊緣。這樣的弔詭空間，跨越了再現與不可再現的空間，他處則成為抵抗的依據，並承認或容忍基進差異的可能性（Rose, 1993: 154）。於是，女性主義主體乃同時連結於多重的地域，促使跨越眾多尺度而組構起來的空間成為必要（Rose, 1993: 151）。

最後，還可以提一下另一位女性主義地理學者瑪西。她從工業區位地理學的政治經濟批判，轉往對於空間概念的關係性及開放性思考。瑪西主張破除時間和空間的二元論，改採時空一體的觀點，藉此打破將時間（歷史）等同於政治可

能性,空間卻是靜態形式(因而是非政治)的傳統觀點。她(Massey, 1992)認為,空間應該重新界定為由相互關係構成(社會與空間的互構),而且空間兼有秩序和混亂的要素(因而空間具有政治性),更重要的是,內含於空間的混亂或移位要素可以影響構成空間的社會現象,進而影響後續事件,因而空間具有主動作用。她在後續的理論著作《捍衛空間》(*For Space*)中挪取後結構主義思想(特別是德勒茲),更加凸顯了空間是相互關係的產物,是多重性存在(共存的異質性)的可能場域,並且持續處於建構的過程(Massey, 2005: 9)。這裡的反本質論、強調差異和異質性、凸顯未來的開放性,都彰顯了不同於解放進步論的差異恆久衍生觀點。

我們或許可以用哈維對於瑪西關係性思考的批評來收尾。瑪西(Massey, 1993)倡議「權力幾何學」觀點(以不同方式將時間與空間組構起來的權力,具有不均等的配置,不同人群位居流動網絡的不同處境),來批判她認為過於均一化的哈維(Harvey, 1989)「時空壓縮」(time-space compression)概念(隨著運輸與通訊技術進展而導致的時空經驗變化,亦即社會生活普遍加速,以及空間阻隔的撤除)。相對的,哈維(Harvey, 2009: 189)基於他強調絕對空間(空間是坐標系中的絕對位置,是如容器般承載事物的虛空)、相對空間(空間是實體之間的關係),以及關係空

間（萬事萬物唯有在與其他實體產生〔空間〕關係時才存在），這三種空間存有論應該同時並存的立場，批評瑪西過於凸顯了關係性思考，卻忽略地方、領域、區域等概念，依然有描述地表上具有孔洞但清晰邊界之獨特位置的作用（絕對空間觀）。因為如果每樣事物都是全然開放的，地方就毫無特殊之處了。另一方面，誠如前文所述，哈維傾向於指責傅柯的異托邦概念，帶有絕對空間的靜態色彩，同時卻「幻想了一種關係性的、逃避主義的自主和自由願景，來探索監獄牆壁背後，或海盜船上的差異與不受羈束的他者性」（Harvey, 2009: 194）。簡言之，哈維以兼納絕對、相對和關係的空間概念，批評了只強調關係空間的瑪西，以及在他看來雖然寄望於關係性，實則具有絕對空間意涵的傅柯版異托邦。

哈維的出路，仍是他那3×3（絕對空間與時間、相對時空，關係性時空，乘以物質實踐空間、空間再現、再現空間）矩陣中，橫越九個位置的辯證往復（Harvey, 2009: 145）。這個由空間存有論（或認識論）和空間生產三元組搭建起來的矩陣，對哈維而言，不僅是分析和批判的框架，也是社會實踐的指引，呼應了從批判邁向解放的計畫。不過，相較於哈維對傅柯異托邦概念的批評，我認為比較有利的安放異托邦概念的方式，或許是將其以歧異導向批判的潛能，接軌於以批判通往「解放」的計畫。但這個計畫不應該

是救贖或神啟般的絕對天堂，而是容留多樣性和開放性的差異空間。另一方面，異托邦也可以在哈維的3×3矩陣中四處挪移而產生辯證張力，而非只能定位於絕對空間。

異托邦，以及更廣泛的空間政治，終究主要是分析的方法，關鍵還是我們要拿空間（及其政治和倫理）怎麼辦（王志弘，2018）。當前的真實世界裡，交雜著烏托邦願景（及其隱含又被指認出來的惡托邦夢魘），並與多重的異托邦共築形成複雜的形勢，也鋪展成為經驗的、想像的、實踐的空間政治。異托邦是蘊含潛能的批判或逃逸領域，還是標榜差異卻深嵌於安撫式的多元主義宣告，或是陷溺於商品差異化的市場逐利邏輯，還有待我們仔細辨識。然而，不同體質的異托邦（及其烏托邦想像和惡托邦夢魘）經常夾纏不清，不僅挑戰著我們的分析能力，也磨練我們的耐心。

三、臺灣／異托邦：逆反的共域？

布洛薩在本書的最後長文〈異托邦、共同體、生命之所在〉中，論及可以稱為「臺灣範式」的城鄉災難地景：「任何都市計畫盡付闕如」，受到「最肆無忌憚的市場法則或是所有人對抗所有人的鬥爭的驅使」，深深侵犯了「宜居性」。他指出，他不知道這些創造世界末日般惡托邦景觀的建築師、都市計畫師及其他工程師，是在何處或由誰培養，但他期望有一處地獄保留給這些職業及其下訂單和監督者，

讓他們在裡面慢慢煎熬。相較於臺灣，布洛薩舉例奧斯曼男爵清除貧民區而改造的19世紀巴黎，其建築和生活模式緊密結合，還能以新建築取代老舊建築，卻不破壞整齊劃一的街道景觀。相對的，臺灣西部的醜惡混凝土團塊，卻顯示都市計畫的「積重難返」。眾人暴露在不宜居性的風險下，享有資源者則躲在門禁社區、購物中心這類泡泡或界域中自保。

面對如此惡劣的環境危機，而人們已放棄革命式的全有全無式摧毀重建觀點時，布洛薩主張，「人們應該要從間隙和野草的角度開始思考」，在災難的缺口和裂縫中從事實驗，「想像出其他生活框架及形式的配置」。這就凸顯了異托邦、共同體、生命之所在的重要地位。不過，針對異托邦概念的本地適用性，布洛薩立即提醒，將臺灣（島嶼）本身當成是對比於中國大陸強權的異托邦，正是投機使用時髦概念。相對的，山上原住民部落具有異托邦的性質，發揮對抗作用。而且，異托邦要與共同體為伍。但共同體不是「社會」這種劃分個人和群體的宰制性組織，更不是國族這種密實結構。異托邦的共同體，是主體可以相互展露的，分子、根莖、分散的共同體模式，也是其他的生活形式與生命之所在。

接下來，身為城鄉規劃教育場合的一員，我嘗試呼應、也回應布洛薩的論點。首先，其實不少布洛薩所詛咒的建築師、都市計畫師及工程師，可能都會同意臺灣的城鄉地景已

經積重難返，即使不是從宜居性角度來論斷，而是以他們通常受訓所在的歐美國度「進步」、「美麗」、「文明」的景觀來衡量。另一方面，也有不少人，包括專業者和民眾，衷心期盼摧毀整片地景重建，而這種狂想已經局部體現在主要都市外圍的重劃區，以及高鐵車站特定區的新市區發展。再者，建築師與都市計畫師要如何為如此狂亂混雜的城鄉地景擔負責任，可能正是本地專業者的痛處。這個議題，不能不回到環境規劃的社會脈絡和政治過程來考察。都市計畫是日本殖民體制引入的現代性形構環節，切割重整了聚落紋理和城池格局。在總督府專制體制和後藤新平式「生物學原則」統治下，都市計畫成為確立空間均質化和空間視覺化之權力體制的重要媒介（蘇碩斌，2010）。日本殖民現代性的計畫性空間部署，因為戰爭動員而未完全實現，但迄今仍是部分不滿於戰後混亂醜陋環境景觀者的懷舊嚮往。然而，這個殖民現代性的新空間部署，即使遺留了美觀舒適與進步的懷想，基本上仍是殖民權力關係下欠缺臺灣主體性的產物（夏鑄九，2000）。

戰後逐漸修復的城鄉環境，很快承受了國共鬥爭後，中華民國政府連同百萬軍民退守臺灣，進入「反攻大陸」階段的龐大壓力。大量人口湧入造成安置問題，形成日後違建聚落的雛形（部分位於都市計畫公共設施保留地，特別是公園預定地上）。再者，大量資源投入軍事防衛，除了以防空疏

散為主的道路闢建和違建拆除外，都市計畫執行缺乏企圖和財源，且因1939年國民政府制定之都市計畫法過於簡略，因此大致上延續日本人制定的計畫，形成「克難城市」（蔡宜紋，2008）。直到1960年代，加工出口導向工業化及城鄉移民驅動下，為順應經濟發展而必須推動空間計畫，於是在聯合國專家建議下建置計畫體制、增修法令，並建立本地規劃專業教育機構（第一個是1968年成立的中興法商學院都市計劃研究所）。但是，在經濟發展為先且缺乏財源的狀況下，都市及區域計畫失去推展都市管理和引導開發的功能，反而淪為消極的管制計畫，導致勞動力再生產所需各項公共設施不足，甚至形成大批公共設施保留地未能徵收，卻已即將到期解編的危機（張景森，1993）。另一方面，建築管理缺乏資源、都市設計尚不存在，導致違建及違規使用等非正式部門盛行，加以土地資本的掠奪性開發而致生惡性都市蔓延。簡言之，布洛薩眼中的醜惡地景，有著冷戰地緣政治、威權侍從體制，以及出口導向依賴發展下，劇烈空間重構的淵源，但理應在當中扮演協調整合功能的計畫體制，卻幾乎無力主導。

　　這幅過度壓縮又斑駁不均的城鄉風貌，對許多人而言雖然醜陋，在搭配了機動車輛（尤其機車）和通常違法的混雜土地使用後，卻是極度便利而可以忍受的生活框架。當然，1980年代以後，一方面是社會運動及政治運動帶動的公民社

會和權利意識崛起，另一方面是學術界和專業界的反思與倡議，浮現了對於城鄉環境惡化及其源頭的發展主義邏輯和國家治理失能的批判。這些動能逐步開創出包括「社區總體營造」在內的各種環境改造嘗試，也在官方試圖「清理」公共設施保留地上的違建聚落以「改善市容」，並推行具新自由主義色彩的開發計畫而徵收拆除住居生活紋理時，激起了眾多反拆遷運動及歷史保存運動（臺北案例參見：王志弘，2015）。

當然，社區營造計畫已經納入官方施政，既獲得資源卻又有形式化之虞，而部分抗爭雖然獲得官方修改開發計畫的妥協，並未改變宏觀的局勢。但是，布洛薩描述的，各種以間隙和野草來探索其他生活配置可能性的實驗，確實已在各地冒現。侯志仁（2013，2019）主編的兩冊臺灣案例專書《反造城市：非典型都市規劃術》和《反造再起：城市共生ING》，基於民眾參與、造反城市（insurgent city）、游擊都市主義（guerrilla urbanism）、戰術都市主義（tactical urbanism）等理念和策略，或許正在挖掘、種植和培育堪稱異托邦的反位址（counter sites）。這些嘗試不只出現在山上原住民部落，或是還保有人與土地的直接聯繫的鄉野環境，更多案例是在已然新舊夾纏且相互牴觸的城鎮脈絡，在混凝土團塊中長出野草。這些異托邦或是「逆反的共域」（insurgent commons），也許尚未形成有效抗衡社會區劃邏

輯的互為主體共同體。它們除了承受外部壓力，內部也有衝突，更不受到輿論及主流建築和規劃界的青睞。但是，或許正是以持續的逆反姿態來顯影和實踐，這些異托邦有了體現不同可能性的參差對照效果。

　　我過去也曾運用異托邦（異質地方）概念，來理解和期許某些間隙空間的潛能。例如，二二八紀念公園（臺北新公園）的一隅，是早期重要的男同志交往場所，並通過白先勇小說《孽子》而形成象徵地景，或可視為情慾異質空間，映射了異性戀社會的霸權與焦慮（王志弘，1996）。或者，東南亞移工和新移民共築的族裔化消費地景，位於車站、宗教設施或工業區周邊，包括雜貨店、匯兌與貨運、美容院及電信行。它們看似臨時拼湊或不起眼的空間，卻是交換訊息與物件，並且維持文化認同和社交網絡的重要場所。這些地方可能引起本地居民的防禦性反應，受到官方的監視介入，或是面臨都市更新下的拆除危機，但仍有可能在多元文化主義和文化經濟支持下，令差異並置的地景轉化成為跨文化的交流邊境與重塑自我的反身鏡域，亦即，發揮異托邦的效果（王志弘、沈孟穎、林純秀，2009；王志弘，2011）。

　　最後，異托邦要能夠成為撼動空間政治的槓桿，或許還需要結合另一種改造社會的空間模型，也就是公共領域（王志弘、朱政騏，2007：24）。公共領域強調公民權利義務的充分發展，以及公共利益的理性溝通討。雖然公共領域仍

有偏向資產及中產階級價值和利益的弊病,但也有對抗性公
共領域或「共域」形塑的潛能。相對的,異托邦凸顯了差異
化的主體塑造中,反身重構主體的契機。於是,在充斥權力
與利益、慾望與恐懼的社會空間動態中,將產生批判性差異
位址的異托邦,與彰顯公共性及共生的共域,兩相交會,或
許可以發揚其作為反思及抵抗機制的可能。

參考文獻

王志弘,〈臺北新公園的情慾地理學:空間再現與男同性戀
　　認同〉,《臺灣社會研究季刊》,第22期(1996),頁
　　195-218。

王志弘,《學術翻譯的症候與病理:臺灣社會學翻譯研究,
　　1950s-2000s》。臺北:國立臺灣師範大學翻譯研究所碩
　　士論文,2005。

王志弘,〈多重的辯證:列斐伏爾空間生產概念三元組演繹
　　與引申〉,《地理學報》,第55期(2009),頁1-24。

王志弘,〈我們有多元文化城市嗎?臺北都會區東南亞族裔
　　領域化的機制、類型與作用〉,《臺灣社會研究季
　　刊》,第82期(2011),頁31-84。

王志弘,〈城市作為翻譯政治的場域:理論性的探索〉,
　　《城市學學刊》,第6卷第1期(2015),頁1-28。

王志弘,〈傅柯Heterotopia翻譯考〉,《地理研究》,第65

期（2016），頁75-106。

王志弘，〈空間作為方法：社會與物的空間存有論〉，《地理學報》，第90期（2018），頁1-26。

王志弘（編），《叛民城市：臺北暗黑旅誌》，臺北：公共冊所，2015。

王志弘、朱政騏，〈風險地理、恐懼地景與病理化他者——臺灣SARS治理之空間／權力分析〉，《中國地理學會會刊》，第38期（2007），頁23-43。

王志弘、沈孟穎、林純秀，〈族裔公共空間的劃界政治：臺北都會區外圍東南亞消費地景分析〉，《臺灣東南亞學刊》，第6卷第1期（2009），頁3-48。

侯志仁（編），《反造城市：非典型都市規劃術》，新北：左岸，2013。

侯志仁（編），《反造再起：城市共生ING》，新北：左岸，2019。

夏鑄九，〈殖民的現代性營造：重寫日本殖民時期臺灣建築與城市的歷史〉，《臺灣社會研究季刊》，第40期（2000），頁47-82。

張君玫，《後殖民的陰性情境：語文、翻譯和慾望》，新北：群學，2012。

張景森，《臺灣的都市計畫（1895-1988）》，臺北：業強，1993。

黃克武，《惟適之安：嚴復與近代中國的文化轉型》，臺北：聯經，2010。

劉人鵬，《近代中國女權論述——國族、翻譯與性別政治》，臺北：臺灣學生，2000。

蔡宜紋，《克難城市——戰後臺灣都市規劃視野的反省》。新竹：國立清華大學社會學研究所碩士論文，2008。

蘇碩斌，《看不見與看得見的臺北》，新北：群學，2010。

Foucault, Michel. Translated by J. Miskowiec. "Of Other Spaces," *Diacritics*, Vol. 16, No. 1, 1986, pp. 22-27.

Harvey, David. *The Limits to Capital.* Chicago: The University of Chicago Press, 1982.

Harvey, David. *The Condition of Postmodernity.* Oxford: Basil Blackwell, 1989.

Harvey, David. *Spaces of Hope.* Edinburgh: Edinburgh University Press, 2000.

Harvey, David. *Spaces of Global Capitalism.* London: Verso, 2006.

Harvey, David. *Cosmopolitanism and the Geographies of Freedom.* New York: Columbia University Press, 2009.

Jameson, Fredric. "Cognitive Mapping," in C. Nelson and L. Grossberg eds. *Marxism and the Interpretation of Culture.* Chicago: University of Illinois Press, 1988, pp. 347-357.

Jameson, Fredric. *Postmodernism, or the Cultural Logic of Late* xxvii

Capitalism. London: Verso, 1991.

Johnson, Peter. "The Geographies of Heterotopia," *Geography Compass*, Vol. 7, No. 11, 2013, pp. 790-803.

Lefebvre, Henri. Translated by F. Bryant. *The Survival of Capitalism: Reproduction of the Relations of Production*. New York: St. Martin's Press, 1976.

Lefebvre, Henri. "Space: Social Product and Use Value," in J. W. Freiberg eds. *Critical Sociology: European Perspective*. New York: Irvington, 1979, pp. 285-295.

Lefebvre, Henri. Translated by S. Rabinovitch. *Everyday Life in the Modern World*. New Brunswick: Transaction Books, 1984.

Lefebvre, Henri. Translated by D. Nicholson-Smith. *The Production of Space*. Oxford: Basil Blackwell, 1991.

Lefebvre, Henri. Translated by R. Bononno. *The Urban Revolution*. Minneapolis: University of Minnesota Press, 2003.

Liu, H. Lydia. *Translingual Practice: Literature, National Culture, and Translated Modernity -- China, 1900-1937*. Stanford: Stanford University Press, 1995.

Massey, Doreen. "Politics of Space/time," *New Left Review*, Vol. 196, 1992, pp. 65-84.

Massey, Doreen. "Power-geometry and a Progressive Sense of Place," in J. Bird, B. Curtis, T. Putnam, G. Robertson and L.

序／（複數）空間的政治

異托邦　共同體　生命之所仕

Tickner eds. *Mapping the Futures: Local Cultures, Global Change*. London: Routledge, 1993, pp. 59-69.

Massey, Doreen. *For Space*. London: Sage, 2005.

Rose, Gillian. *Feminism & Geography: The Limits of Geographical Knowledge*. Cambridge: Polity Press, 1993.

Soja, Edward, W. "The Socio-spatial Dialectic," *Annals of the Association of American Geographers*, Vol. 70, No. 2, 1980, pp. 207-225.

Soja, Edward, W. *Postmodern Geographies: The Reassertion of Space in Critical Social Theory*. London: Verso, 1989.

Soja, Edward. W. *Thirdspace: Journeys to Los Angeles and Other real-and-Imagined Places*. Oxford: Blackwell, 1996.

White, James Boyd. *Justice as Translation: An Essay in Cultural and Legal Criticism*. Chicago: University of Chicago Press, 1990.

傅柯之異托邦
概念與問題

| 湯明潔・譯

　　作為傅柯概念和研究對象的異托邦（hétérotopies）
——事實上，這個主題在傅柯（Michel Foucault）著作之
中，是以小分量博取大立意為特徵的。在傅柯的著作中，只
有兩個半、總共幾十頁的文本談到異托邦：第一個文本名為
〈烏托邦身體〉（"Le corps utopique"），這是1966年12月在
法國文化電台所做的一次演講；第二個文本是〈異托邦〉
（"Les hétérotopies"），這是1967年3月在建築研究學會所做
的演講；第三個文本名為〈別樣空間〉（"Des espaces
autres"），[1] 這是在1984年春天，即傅柯去世前不久，根據
1967年的那次演講所做的修訂版，這也是我們在《言論寫作
集》（Dits et Ecrits）最後一卷中所看到的文本。

1　譯註：法文為espaces autres，本書的三位譯者對傅柯這個空間概念有不
　　同的翻譯，為尊重三位譯者之立意，本書採用三個譯詞：別樣空間、
　　他異空間與異質空間。

　　如果再加上傅柯1966年出版的《詞與物》（*Les mots et les choses*）前言裡的二十幾行文字的話，我們基本上就把傅柯清晰闡述異托邦的主題都掃了一遍。然而，《言論寫作集》編者精心彙編出版的傅柯概念索引中沒有「異托邦」，也不是沒有原因的（因為此概念出現較少）。

　　因此，如果我們拿異托邦和「分割」（partage）、「生命權力」（biopouvoir）、「生命政治學」（biopolitique）、「規訓」（disciplines）、「部署」（dispositif）、「策略」（stratégies）、「話語」（discours）、「言說」（énoncé）、「真理機制」（régimes de vérité）、「活人治理」（gouvernement des vivants）、「自我的技術」（pratiques de soi）等這些用概念的概念發動起來的大量文本相比較的話，我們很快就注意到，傅柯自開始提出異托邦至今，相關文獻數量是如此之少。

　　在這個角度下，即數量的角度，必須承認異托邦概念在傅柯著作中的地位如果說不能算邊緣的話，至少也是次要的。因而，我們也深刻注意到這個反差，如此少量的文獻卻在概念散播上產生了出奇的效應。

　　依據作者的期待（請使用我的工具箱，範圍不受限制！不要滿足於僅僅做我的讀者，還要做這些文本的使用者！），傅柯「異托邦」概念的用法正是這樣實際上被全方位傳播：對傅柯這一主張敏感的建築師和城市設計師等，是在過了一些時候才接手這一概念，根據這一概念，空間、城

市、建築成為權力關係的問題，因而也成為歷史—政治的關
鍵等等。

上個世紀八〇年代，異托邦的主題開始進入美國（現在
我們大概可以說異托邦是個常用詞了），而後遍及歐洲及幾
乎所有的大陸。異托邦的概念成為一個炫目的、橫貫的、跨
學科的採石場，其反響迴盪在文學科系也迴盪在女性主義研
究中，迴盪在建築學刊裡，也迴盪在同性戀和種族運動中，
直至政治科學等等領域。

不無諷刺，這個成就也許會讓我們思考：我們的注意力
是不是不應該首先放在異托邦如此受歡迎又遍地開花的成
就，而是應該先把精神集中在探討傅柯是怎麼談異托邦的。

這個剛剛開始的煽動性話題（異托邦概念的影響）我會
就此打住，但我也並不會丟棄對這一話題所揭示的深刻問題
視角——我們所談論的異托邦或異托邦究竟是什麼類型的概
念？

在《詞與物》前言中，傅柯置入了一個堅固的立論：
「烏托邦安慰人，異托邦煩擾人」。為什麼呢？烏托邦使人
得到安慰或令人放心，那是因為它們被安置在統一和同質的
符號之中。

當然，烏托邦「沒有真實的處所」，它們因此遭受著在
本體論意義上嚴重的缺陷。但烏托邦的這一缺陷也因建立在
想像「卓越和平滑」的空間中而獲得補償：一切都是有序

的、直線的、組織良好的和可預見的，自我閉合正是其安定特徵的條件。簡言之，烏托邦如果不是某種「緊緻」或德勒茲（Gilles Deleuze）意義上的「整體」，它也是被置於「一」的符號中的。異托邦則完全相反，正因此它「煩擾」人。

正是在對波赫士（Jorge Luis Borges）著名的「中國百科全書」的拓展呈現中，傅柯開始提出這一對立，將異托邦置於異質混雜的符號之下。傅柯說，波赫士的百科全書讓我們迷失方向，不僅是因為它奇怪、不恰當，更因為它的異質混雜性。

實際上，異質混雜性會在思想和語言秩序中造成嚴重混亂；它會妨礙我們進行一些基本的（思維）操作，即給思維物件排序、分門、別類，這些基本操作還致力於給事物正確地命名、構造句子並將詞與物「把握在一起」。

異托邦，可以在異質混雜性的詞源角度來理解，它妨礙我們進行「虛構」，也就是說，去談論井然有序的歷史，去配置傳說和話語——相反，「烏托邦」能夠順應所有類型的「歷史」、「頌辭」（或衰辭——嗚托邦〔dystopie〕）。

這個簡短的展開，先說到這裡，我們還將就此回過來再談：異托邦的概念與同一性概念，如果不是處於開放的衝突關係，也是張力緊繃。

在〈烏托邦身體〉一文中，「異托邦」這個詞一次也沒

出現。我剛剛把它放入傅柯關於「異托邦」的文獻裡，應該是搞錯了。然而，Lignes出版社在2009年出版的名為《異托邦》（*Le Corps Utopique, Les Hétérotopies*）的小冊子裡，用〈烏托邦身體〉開頭，並非毫無道理。

相對於傅柯在《詞與物》前言裡所表述的斷然對立，這裡則產生了一個悄然卻決定性的位移。實際上，在（〈烏托邦身體〉）這個文本中，這個缺席的詞（異托邦）的有效性一直都可以感受到的。在這個文本中，就好像（異托邦）這個術語以隱蔽的形式在「烏托邦」這個詞的背後推進，而不再是作為其反面或對立者。

就廣播的「精采演出」來說，傅柯就〈烏托邦身體〉的表達方式，相當符合既定的習慣：第一部分，傅柯假裝重拾柏拉圖哲學的傳統立場，也就是基督教立場，談及身體被理解為主體的囚禁地（牢籠）：

「我的身體，就是我被判定無法逃離的所在。無論如何，我想正是為了與之對抗並將之抹除，人們創造了所有這些烏托邦。」所有這些烏托邦，我認為都具有一個「無身體的身體，清澈、透明、光亮、迅疾的美」，總之，就是「無形身體」的烏托邦。

靈魂的烏托邦也是如此，與我的身體這個「籠子」相對立，我的靈魂「能夠持續良久……當我衰老的身體將要腐朽時，（靈魂）比良久更久」……總之，從古典哲學和宗教，

隨處可找到關於身體是靈魂的監獄和墳墓的所有論說。

然後，演講者在文本進行中來了個大轉彎——但，不是這樣的，我的身體並不是真的能夠如此輕易地化約。**烏托邦，當它遇到身體或者當它占領身體時，它不是那個解放我們的事物，它不是那個讓我們在某種想像的模式上感到輕鬆的事物，相反，它向我們展示諸多可能。**

烏托邦使我們體會到，我們的身體既是晦暗、神秘、「不可理解」的，同樣也是開放、「可穿透」、可使用、被各種強度滲透，身體被欲望驅使就像我們感受到苦痛纏身。因而，身體遠不是那個我必須順服的，不是那個我無可選擇的命定，在這個世界上，身體將我以烏托邦的模式建立起來。換句話說（這一點是決定性的），這種烏托邦的模式可以讓我多樣化、改變、體驗，甚至成為我自己的他者。

我想在此對於該文（〈烏托邦身體〉）所借用的修辭形式稍作停頓。傅柯並不是要相對於開始的論題（即柏拉圖式的靈魂身體觀）提出一個反題，以便做出一個預期的綜合。傅柯是在用堅定的筆法刪掉和廢除前面的主張，以便替換一個新的主張，他是以一種堅決反辯證法的方式前進的。這表現在後續的推論，前一個主張的內容一無所剩。

這是一個轉向，從一個位置跳到另一個位置，傅柯以一種強力的形式強調了這種對自我的背道而馳：「我剛才說烏托邦轉過來反對身體，而且終將抹除掉身體，這點我搞錯

了。」「我剛才以為身體從未在別處，它只能在這裡，並且和所有烏托邦對立，這樣想真是太蠢了。」……

在烏托邦的意義下重新展開身體，一方面，使得主體在與其身體和解的情況下得到安慰，這一主張在（《詞與物》）前言的拓展中既已存在；另一方面，這也使得在完成這項（和解）活動的同時，發現身體能夠在同一中使他者湧現，能夠去到別樣的空間。

提及身體的妝飾時，傅柯得出這個決定性的論斷：「面具、紋身、脂粉將身體置於一個**別樣空間裡**。」這個論斷之所以是決定性的乃在於，正是在此處，我們看到異托邦這個「缺席的詞」，從這個朝向「別樣空間」的開口，滲透進烏托邦這個詞。

傅柯在（《詞與物》）前言中所對立的——安慰和煩擾——變得難以區分：發現了身體烏托邦的特性，發現了它的烏托邦化能量，我們可以說，主體因完全受到「安慰」而無法抽離；但另一方面，當然，在成為他者（通過面具、紋身）的獨特範疇裡體驗這些可能性，主體自我展開，與其局限性共舞，將它的標記和確定性置於險境——主體煩擾自身。當異托邦在烏托邦之內穿透的時候，這兩個概念完全不再彼此對立——我們一會兒再回到這個主題。

我們可以順帶注意到一些問題，這完全不是要將此文（〈烏托邦身體〉）降低到某個心理學或傳記性的指標，可

不是要如詹姆斯·米勒（James Miller）所為，去做一個讓巴黎傅柯圈感到大受其辱的美式傅柯傳記。

我們可以注意到，這一文本（〈烏托邦身體〉）帶有極為私密和個人的感情色彩，一旦將其標記出來，就會讓我們去強調經驗本身、自我的經驗、自我，或者，用一個被濫用且完全非傅柯的術語，它們會讓我們去強調**存在**，在進行烏托邦和異托邦的反思中，去強調存在。

傅柯在文章開頭寫道：「我的身體，殘酷冷血的**托邦**……每天早晨，同樣的呈現，同樣的傷痕，鏡子在我眼前描繪了不可避免的圖像：瘦消的臉龐，駝曲的肩膀，眼睛近視，頭禿髮疏，真的很難看。正是在我腦袋的這個醜陋的軀殼裡，在這個我不喜歡的籠子裡，我需要顯露和移動，等等。」

那麼，當我們讀到這裡，我們得衡量，在修辭所構築的結構之下，在何種程度上這裡顯露出另一個層面：某種自我的經驗在描述的細節中纖毫畢現。某種對自我的恐懼，曾經是也的確是年輕的高等師範學院生（即傅柯）內心的苦悶不安，並因而產生自殺傾向，所有傅柯的傳記都這麼說。

因而，在此文（〈烏托邦身體〉）中產生的轉變，不僅見證了作者的巧妙修辭，還見證了其他東西——見證了一個不連續的歷程。傅柯的身體似乎賦予他某種命運，包括他的性傾向。他在不連續性歷程中，發現這個鎖閉是能轉化為經

驗乃至自由經驗的；而烏托邦式的身體、被烏托邦化的身體，在這裡就變成了這一發現和重新創造自我的媒介和空間。

因此，在這個意義上，「烏托邦」、「異托邦」這些詞，在它們與私密經驗的關係中，在傅柯的詞彙中，占有特殊的地位，我們不能根據這些詞在傅柯的著作或其他涉及傅柯的文本中單薄的出現頻率，來評價這些詞的地位。

傅柯對於烏托邦身體的反思與他在「建築研究學會」所做的名為「別樣空間」的講座之間的關係，是在空間問題上展開的。更確切地說，是在空間問題的異質學路徑上展開的。

傅柯一開始就強調在歷史主宰問題上從時間到空間的轉變，這在他看來，是當下主流範式的改變。這個主題，我們可以在傅柯這些年參與的眾多講談中看到（接受《希羅多德》〔*Hérodote*〕雜誌訪談等等）：「我們知道，縈繞19世紀的最大問題是歷史……如今則是空間的時代。」

這個主張的論戰性格強烈，非常旗幟鮮明地對抗正處於主流地位的馬克思主義和沙特式教條。因而，「異托邦」這個術語的產生及其在傅柯話語中的運用，就成了此一論戰對抗主題的一部分。

如果這個（「異托邦」）說法不是論戰性的話，它還是有一個「矢狀」目標的——它用於支撐這樣一個觀點：空間

問題本身也是政治問題。因此，這個（「異托邦」）說法是用於打破將政治連結上歷史的排他性關係。傅柯還補充說，另外，空間也有歷史，它正是在此意義上切入政治領域的。

傅柯隨後佈置了一系列術語，用於大舉描繪西方的空間史。這系列術語在（〈別樣空間〉）1984年的第二版的文本中不再出現。傅柯說，中世紀是場所（lieu）的等級化時代；之後，從17世紀伽利略開始，區域（étendue）代替了地點；最後，到如今，基地（emplacement）取代了代替場所的區域。

基地之空間機制的特徵在於，基地處於異質符號下，傅柯（以一種我們認為借自華特·班雅明〔Walter Benjamin〕的表達方式）說，基地與「同質和空洞的空間」完全相反，它是一種「充滿質素」的、多變的、多樣的和複數的空間機制。因此，我們的時代是（諸多）「基地」的時代，而不是（某個）「基地」的時代。它尤其是一個劃分為內部空間和外部空間的空間。

毋庸置疑，當傅柯在〈烏托邦身體〉中談到經由化妝、面具和紋身朝向「別樣空間」的時候，那涉及的是第一個（某個基地的）問題。傅柯說，現在涉及的是第二個（諸多基地的）問題，總是在朝向他者遷移，總是在異質性符號下。德勒茲說，「我們所生活的」空間，不僅是以各種方式被充斥著、被條割著，確切地說，這是一個自動—變質的空

間，一個「我們（在其中）被吸引到自身之外」的空間，一個自我拔除的空間，一個我們在其中重新經歷成為他者的空間。

　　傅柯明確地說，在這個空間，「我們的生活、我們的時間和我們的歷史，的的確確在被侵蝕，這個空間咬噬和沖刷我們」——在這個說法中，清楚顯示出早期傅柯受到巴塔耶（Georges Bataille）、布朗肖（Maurice Blanchot）以及德勒茲這些思想家撤銷古典主體——即「外部思想」的影響。

　　我們的存在被置於諸多基地的異質性符號之下，這是通向轉變的多樣形式，即主體的擴散。傅柯說：「我們生活在一整個關係群中，這個關係群定義了彼此不可化約且完全不可重疊的諸多基地。」確切地說，正是在這裡，在傅柯將其視為「描述基地」的計畫出現的地方，「異托邦」的說法才進入理路。

　　《詞與物》前言那個（關於烏托邦和異托邦）段落的連貫關係因此就非常明顯了：一個完全被置於異質，甚至異質混雜性符號下的思考對象，或許我們可以說，其所在（的空間）是極端多樣性的（空間）——如波赫士的「中國百科全書」或某種現代「基地」。

　　我們的思考只能透過描述和清點，才能確信把握了這個對象。這個最初的把握隨後一般會走向各種分類，進行分類學的各種操作。所有試圖將異質化約為緊緻的「一」的嘗

試，都注定失敗——這一點對之後至關重要。波赫士的「中國百科全書」一開始就把我們搞得如此暈頭轉向，它在這裡又幾近為我們提供指引。

順便提及，我們因此接觸到傅柯思想的一個節點：不僅是異托邦的範疇被置於異質的符號之下，而且數年之後，傅柯第二階段主題中的所有策略性考慮，部署——作為被置於異質因素組合符號之下的權力機制設置——這個範疇也是被置於異質的符號之下。

因而，在這一層面上，思考，就是分類。我們將諸如道路、火車等「通道」的基地，區別於臨時歇腳點（電影院、咖啡館、沙灘……）的基地，但我們也完全可以構造一整個諸如家、房間、床等等的「**休憩基地**」。也不要忘了「**關聯**的基地」，其特性在於與所有他者進行關聯，但傅柯說，這種關聯以（與所有他者）相背馳的方式存在的……列舉這些可能的基地群，這些從定義上可以無限延伸的基地群，我們看到的不過是重現的清單……

傅柯因而試圖為異質機制所掌握住的思想止血，在兩種類型的基地間引入一個「分割」（傅柯思想的另一個基本動作）：一方面，烏托邦是沒有實在地點的基地，但它們與實在維持某種緊密的聯繫，即總的來說，烏托邦就是「本身完善化的社會」，或者就是被逆轉的社會，社會的「背面」；然後，另一方面，就是異托邦。

後者也將被定義為某種背面，某種「反—基地」，但它與烏托邦的區別在於它涉及某個「**實在的**」場所，涉及某個「在所有地點之外」又「確實可定位的」的場所。在這個意義上，就是一個別樣的場所。

在這裡，我們發現，按照這個定義，異托邦作為「反—基地」，它與烏托邦同類；但作為「真實存在」，就其在一個完全別樣的境況裡，重拾短暫主權而言，它與烏托邦極為不同，甚至與之相對立。因而，與其說異托邦是烏托邦的「反面」或對立面，不如說異托邦既是烏托邦，同時也是烏托邦的他者。

我們可以寫一部西方的烏托邦歷史，我們（西方人）也並未放棄這樣做；但是，所有的文化，所有社會，都會產生屬於它們自己的烏托邦嗎？或者烏托邦只是某種專屬於西方集體的自我之敘事模式嗎？這都有待辯論。

傅柯指出，不過在所有文化、文明中，我們可以很容易地確定某些「實際實現的烏托邦形式」——即異托邦——這些別樣的場所是真實的，異托邦地形絕不是想像的。

傅柯補充說，異托邦是有趣的，因為它們雖然代表某個社會或以某種「相反」的方式顯示某個社會，但它們不像烏托邦那樣是沒有處所的處所，而是某種真實的基地，某種首先就是充滿「爭議」的空間。

當傅柯談論「反—基地」時，必須追溯若干年之前，回到那些關於牧民的文本，在那裡傅柯闡述作為反抗牧民模式生命治理（《安全、領土和人口》〔法蘭西學院講座，1977-1978〕）的「反—治理」形式。

這裡不是要說傅柯將異托邦理解為抵抗的處所，而是說他將異托邦理解為不僅是能夠出離中心的場所，同時，異托邦相對於平常處所而言，承載著某種強烈的相異性和某種對立或對照的標誌。

傅柯進一步說，所有的文化在其自身空間的調整中，在滋養著「某種對我們所生活的神秘而真實的空間進行的爭議」的地形重分配上，都帶有引入某種遊戲，甚或引入帶有張力的諸多元素的目標。那麼就需要清點這些「別樣空間」，這就是傅柯在此文（〈別樣空間〉）中定義為「異質拓撲學」的計畫。

正是在這裡湧現了關於異托邦的主要哲學問題。傅柯斷言，如果所有的文化都趨於建構異托邦，異托邦將具有非常多樣的形式。更有甚者，很可能我們不再能找到某個單一的「絕對普遍」的「異托邦形式」。

因而，異托邦現象是普遍的，因為它在多樣性本身上影響了所有的人類文化；但這個普遍性本身是在某種多樣性的形式下所呈現，這種多樣性抵抗任何一般化的企圖，它拒絕

我們確立某個在所有文化共有的單一對立─空間形式。異托邦式的普遍性因而構築在這一限制之上，構築在這一分裂線之上，在這個分裂線上，在各種獨特性的添加中，普遍性終歸失敗。

異托邦無處不在，但我們又不可能將這種普遍性與這樣或那樣的特別物件疊合起來，這些物件不可能作為整體的某個部分。

異托邦在具體的意義上是真實的，於感知世界是真實的，但它的取徑或定義能夠避免任何一般化。套用柏拉圖的用語，我們在異托邦的理念上有個問題。

涉及到異托邦的本體論條件時，這種模稜兩可的狀態（既是普遍的又不是普遍的）是有意思的，因為這種狀態只能在傅柯後來涉及的另外某些對象中找到相對應──例如鄙民（賤民），傅柯以「有」的方式定義鄙民：有鄙民，但沒有鄙民（賤民）式的實體。鄙民（賤民）不是某種社會團體，它不具備固有的實體，它等同於鄙民（賤民）式的多樣性流，後者以獨特性和異質性為雙重符號，闖入政治領域……

對於異托邦，我們就有了一個概念的生產和創造，這個概念的定義和特徵是如此獨特，我很願意將其確立為一個

「有限概念」：[2] 它是某種多樣性的通稱，更或是一個異質整體的通稱，這個異質整體的異質混雜性特徵不是偶然性的，而是本質性的。但把一個概念置於異質混雜性而不僅僅是不可化約的多樣性符號下，你們應該能夠理解，我們就暴露在各種危害或異議之中。

所以，當傅柯巧妙地把他的（異托邦）概念置於這種符號下，他就得致力於列舉所有的異托邦類型，或僅僅列舉所有的異托邦──「危象的異托邦」，特權、神聖或禁閉之地，那些在初民社會，經期婦女、孕婦、青春期的年輕人、老人等等被發送的地方，那些與人類學中被稱作「過渡儀式」有關的地方，即傅柯在我們的社會中所看到的種種相應對：在服役中（營房及毗鄰場所）、在蜜月旅行中，我們還可以加上在高等院校新生入學時的霸凌中……

但還應該加上「偏離中的異托邦」，這種異托邦是留給那些行為發生偏差的個體，或是留給那些注定要發往邊緣、精神病院、監獄、拘留所和養老院的個體……然後，還有從一個文化到另一個文化、從一個時代到另一個時代，功能、角色和處所各不相同的異托邦──對於傅柯來說，墓園曾是這些多變性的典型例子。然後還有與時間跨度相關的異時性

---

2 「有限概念」的意思是說，「異托邦」不完全是一個作為詞、作為表徵的概念，它更是實物；但它也不是完全的實體，而是具有概念性的實物的混雜。

的異托邦——博物館，圖書館，以及在其堆積功能來說，帶有獨特的西方文化標記的異托邦……還不能忘記「臨時性的異托邦」，即市集、度假村、節日廟會等等。

我不想就此無限展開，不然很快會成為可以不斷增加和補充的囉嗦。如果你們加上傅柯在〈別樣空間〉之後，在修訂版〈異托邦〉文本裡歸入「異托邦」的一系列物件，你們會組成某種雅克‧普雷維爾（Jacques Prévet）[3] 式的清點模式——

「一塊石頭／兩座房屋／三個廢墟／四個掘墓人／一座花園／一些花／一隻浣熊」（普雷維爾版）
「一座監獄／一家妓院／一輛夜車／一座花園／一張地毯／兩個墳墓／一處耶穌會殖民地」（傅柯版）

那麼，對我來說，這個問題非常生硬地被提了出來：對於一個能夠容納像浴室、殖民地、墳墓、監獄、小船和圖書館等，這麼不可通約對象的可塑性概念，我們能做什麼呢？

在《監視與懲罰》（Surveiller et punir）中，傅柯將監獄作為其他諸如精神病療養院、醫院、學校、工廠這些權力形式或機構的「類比模型」（德勒茲語），這一個集合的操作

---

3 雅克‧普雷維爾（1900-1977），法國二戰後著名詩人和劇作家，代表作《秋葉》（Les Feuilles mortes）。

之條件是某種範疇的存在,這種範疇允許將所有這些多樣性歸入同一個權力機制,允許掌握人口中的個體的身體和集體的身體之機制,即規訓,規訓的權力。

在這裡,堅決歸入某某的操作是非常模糊的。當然,傅柯將這些範疇以群組的方式集中和分類,是將它們分別置於某個特別的符號之下的,例如,要拉近妓院與殖民地的時候,就是把它們彼此都當作「補償」的異托邦(這裡拉近的是「慰藉」的主題,但在前言裡,這一主題是與烏托邦聯繫在一起的),儘管這些集中和分類的符號本身非常模糊,也很容易無限延伸。

但與傅柯在同一個規訓性權力或機構符號下進行聯合操作的巨大不同在於,後者明顯是數量有限的,我們可以對之進行完全的列舉。相反,異托邦的本義就是這個清單永遠也不會完結。

我們每個人都能在此條件下對之有所體會:一旦我們開始被這個主題糾纏,我們就會在閱讀過程中、在旅行過程中不斷發現新的異托邦經驗。另外,非常有趣的是,(〈別樣空間〉)從1967年的版本到1984年的版本,有些例子是相同的,但在後者中也出現了新的例子:父母親的大床、花園深處的小棚屋、穀倉、印地安人的帳篷、美國人的汽車旅館……

另外,(〈別樣空間〉)第二個版本強調異托邦機制不

僅是不調和的機制，還是「動態」的機制。傅柯說，不存在「一個保持恆定的單一異托邦形式」。

　　這不僅是說異托邦像西方的墓地那樣，像二戰後消失的妓院那樣，改變了形式和社會功能；同時，異托邦的狀態本身就是非常多樣的：法國的拉斯科洞穴（Grotte de Lascaux）[4]或西班牙的類似洞穴，一旦向公眾開放，就轉變為每年有成千上萬參觀者的博物館，人們來觀賞一個佈滿遙遠古人所繪壁畫的真實洞穴的複製品，這個洞穴還能確切地說是一個異托邦嗎？在某種意義上，一個被指定、歸類為異托邦的異托邦，難道不會丟失某種構成其不可化約之空間相異性因素的本質嗎？

　　總之，如果這正是傅柯在「發明」異托邦一詞時所創造的概念，我們必須看到，這裡涉及一個永遠「逃逸」的概念，這就是說，這是一個流淌的水龍頭，或者，我們也可以說，這是一個佈滿孔洞的概念。這當然不是說它是一個薄弱的概念，或者是一個不夠確切的概念，而是說，我前面也說過，這是一個有限度的概念。

　　我們不能只在「表面上」去理解傅柯在此文第二個版本所建立的「差異空間科學」的計畫──傅柯說，「這些想像

─────────────

4　拉斯科洞穴位於法國韋澤爾峽谷。1940年9月，4名少年在法國多爾多涅的拉斯科山坡偶然發現了該洞。洞穴中的壁畫為舊石器時期所作，至今已有1.5萬至1.7萬年歷史，其精美程度有「史前西斯廷」之稱。

的或真實的爭議」是某種名為「異質拓撲學」的科學。的確，在這段文字中，「科學」這個詞是帶引號的。因此，也許是科學，但在這裡應該從另外的層面去理解「科學」，在一個略微嘲諷的意義上，這是歡樂的、詩意的和賦有幻想色彩的科學，就像超現實主義者的「夢幻科學」⋯⋯

即便異托邦概念真的是處在傅柯大型「研究工地」的邊緣位置，也不會影響這個概念經由各種不同線索，而串連至傅柯研究的軸心主題。

首先，批判主題。在（〈別樣空間〉）第二版中，傅柯非常強調這一點：異托邦是「對所有空間的爭議」。換句話說，異托邦的功能和效應是質疑所有被視為理所當然的形式，也就是被視為在合法空間、在權力和權威的行使上認定是天經地義的空間。

本質就是在權力關係、知識傳播的基地和空間分配上產生爭議。由於這些童稚般的異托邦（花園深處、穀倉、印地安帳篷、爸媽不在家時他們的那張大床⋯⋯），使得家庭權威碰觸底線；由於監獄和殖民地，而掀開了政治秩序的背面；由於妓院，家庭和性的秩序變得模糊等等。

最常規的陳述、最優良的設置、最共識的行事方式失去了它們不證自明、肯定無疑的力量，這個宣告，正是傅柯批判計畫的核心。異托邦對於我們來說，就是當下的經驗領域；它使我們能夠在面對當下狀態時，行使我們的批判能

力。

　它（異托邦）將我們移動到被統治和被治理的不確定的地勢邊沿，在這裡，（統治和治理的）自然正當因素解體了：在一個法國監獄的牢房裡超額景象中，如果說到「民主」的話，當然就不如巴黎聖‧吉約姆街的高等政治科學學院課堂上所談的那麼自豪了。

　因而，在此意義上，異托邦為當下和我們自身的批判性本體論開闢了道路，傅柯晚期正是這種批判性本體論的宣導者。我們還可以就此談及「異托邦敏感性」：主體腳步「偏移」而朝向異托邦，面對當下狀態，在今天可能是一個強烈的批判姿態。

　試圖在不依賴市場民主和國家─政黨體系的狀態下，重新思考當今政治，難道不就相當於在發揮各種想像的能力，去描繪「異托邦半民」的輪廓嗎？

　另一方面，作為總結，我們可以說「異托邦」與「工具箱」在接受層面所發生的事情是同樣的。傅柯激發讀者將自身轉化為異托邦概念的使用者，就像他鼓勵讀者在他的每本著作中汲取（營養）用來獲取對他們有用的觀點或概念。

　但在（「異托邦」概念）這裡，傅柯明確指出，在便捷的情況下，這個用法就是「批判」。傅柯強調，如果他的著作的使命是作為「工具箱」，這是為了讓他的讀者「走捷徑，去取消資格制度，去打碎權力體系，這也包括我的著作

本身所產生的權力體系」。

　　然而，正是在這裡，對於傅柯研究的接受才傾向於與這個一般描述拉開距離：隨著傅柯在學院接納和肯定方面的加強和擴大，工具箱將逐漸轉化為社會科學設置的器官銀行，既沒有特定的批判精神也沒有特別的批判目標；同樣的，在至少二十多年的潛伏期後，異托邦概念將趨於成為某種西班牙客棧（菜色齊全，什麼都有），向最為多種多樣的學科和知識敞開大門。

　　我一開始就說了，不僅建築師和城市規劃師從中嘗到甜頭，還有藝術、政治科學、文學批判、地理學等等，大家都雨露均霑了。在一個烏托邦主題明顯枯竭並且失去所有想像能量的時代，一切都想要變成異托邦。

　　異托邦這個詞，在學院和文化世界「主流」話語的秩序中，完全就只是想要代替烏托邦這個術語，成為一個受人稱頌的說法，用來指稱想像領域不確切和漂浮的層面，用來與效用、市場、競爭領域形成對比……

　　這個落腳點的轉移過渡之所以有趣，就是因為它與傅柯發起這個概念的策略企圖不謀而合：正是在**反對**「撫慰」用法以及常常是機會主義的用法方面，某些馬克思主義者在尋求理論的第二春，並在與史達林主義教條做鬥爭時，產生了烏托邦概念，而這個烏托邦概念恰恰傳播了各種的異托邦。

　　令人驚詫的是，20世紀「烏托邦」的偉大思想家恩斯

特・布洛赫（Ernst Bloch）[5] 的名字在《言論寫作集》中一次也沒出現。

因此，異托邦與其說是一個反烏托邦的戰鬥機器，不如說是一個反對馬克思主義者試圖用之來解除科學主義和經濟主義支配的戰鬥機器：一部將置於「希望」色彩中的「歷史」哲學重新發動的機器——正是在此，相對於歷史時間，傅柯強調對於空間新的敏感性。

然而這樣的話，一旦提出「整個歷史」的擔保，一旦烏托邦概念失去魅力，異托邦就比較少用於傅柯意願下所要進行的批判，反而是在批判思想完全被抽離的境域裡，成為各種機會主義、裝飾性和無毒無害的用法。

在桑謬爾・巴特勒（Samuel Butler）[6] 所做的轉化中，我們可以看到烏托邦是一個「烏有之鄉」——埃瑞璜。[7] 在如

---

5 恩斯特・布洛赫（1885-1977），德國著名哲學家。布洛赫的哲學以「希望」為本體，用「尚未」範疇把世界描述為一個過程，提倡烏托邦精神，充分發揮想像的創造力去構思未來。

6 桑謬爾・巴特勒（1835-1902），英國作家，戲劇大師蕭伯納（George Bernard Shaw）對巴特勒的作品《埃瑞璜》（*Erewhon*, 1872）發出驚呼，讚譽巴特勒是「19世紀後半期英國最偉大的作家」。

7 巴特勒的第一部作品《埃瑞璜》。英文單詞nowhere（烏有鄉）倒過來拼寫就是Erewhon。在埃瑞璜之國，疾病應受懲罰，而道德上的墮落和犯罪行為卻得到了同情寬恕，巴特勒借此辛辣地諷刺了英國維多利亞時期的社會秩序和風俗習慣。《埃瑞璜》是繼斯威夫特（Jonathan Swift）的小說《格列佛遊記》（*Gulliver's Travels*）之後英國所誕生的又一部諷刺文學經典。

今清晰話語的起承轉合條件下,異托邦的問題在於:異托邦反而趨於「無處不在」,無法辨識,難以區分。

　　一個手提箱或衣帽架式的詞,需要我們激烈爭論才能重新定義並嚴格使用⋯⋯

本文錄自《錯開的交會:傅柯與中國》

（2019年1月交大出版社）

芒通墓園裡的
異托邦

| 陳韋勳 · 譯

　　當傅柯在〈異托邦〉那篇文章中，提及「異托邦的一個
多重定義（surdétermination）——結核病患的墓園」時，他
寫道「我想到那個美妙的芒通墓園（cimitière de Menton），
長眠其中的都是來自19世紀末的結核病重症患者，他們就此
長眠於蔚藍海岸：另類異托邦。」[1]

　　這句話讓我印象深刻，因為這個墓園我再熟悉不過了，
它直接連結著我的童年回憶：好多年的復活節假期，我都是
跟我父母在芒通度過。我們那時會在聖米歇爾高地（Plateau
Saint-Michel）露營，從那兒我們的視線可以毫不受阻地直接
看見這個墓園。確切地說，就在最近我還有個機會再次到那
兒朝聖，因為我那現在已步入老年的父母親就是避居到這座
滿是海水浴場以及闊綽退休族的城市，他們在那兒看著潮起

1　〈異托邦〉一文，收錄於Daniel Defert主編，《烏托邦式的身體、諸異
　　托邦》（*Le Corps Utopique, Les Hétérotopies*, 2009），頁28。

潮落怎麼看都不膩。

　　當然，無論如何，將異托邦的概念援用到這個特定地點，讓這個概念頓時有了非常鮮明的特徵。芒通舊城墓園其實是由兩個分別俯瞰著舊城區跟舊港口的獨立區塊組成，舊港口座落在加哈文灣（le baie de Garavan）以及法義邊界。位置比較低的那個就是傅柯所指的芒通墓園，裡頭「住滿」的大多數是19世紀末、20世紀初的結核病患亡者。位置比較高的那個，又稱合布奎特墓園（Rebuquet），一部分是軍屬墓園，埋葬著一次世界大戰期間在前線受傷或因為其他不治之症到此療養的士兵與殖民地軍人；其他則為當地居民，從墓碑看來是屬於芒通本地的傳統家族。

●俯瞰地中海的芒通傳統家族墓碑（Léo Brossat攝）

　　在這兩個地方，異托邦的意思昭然若揭。這兩個地方在它們所在的城市中，事實上就像個治外之地：要到達那裡，必須得離開芒通的平地區域：芒通的平地區域嘈雜、商業

化，幾乎終年滿溢著雜七雜八的觀光客，那兒的市集具有芒通特色，飄散出有點過於濃厚的地方味。而在走過舊城區的狹窄小巷之後，登上陡坡上的小徑，在抵達墓園這個空間之前的行人路線並不只是要用來做出區隔（一如所有墓園都有的圍牆），而是要製造出一種對所有都市日常生活標誌的翻轉效果：當平地的街道滿是車水馬龍、工地、節慶喧囂，而無聲的靜默則統治著墓園；那裡鮮少生人，在那兒要講話，得壓低聲音，在那兒要活動，得放慢步調、小心翼翼，對比著總是在躁動、狂熱或匆忙急促之類的「底下」的人們。

儘管如此，「另一個城市」，那個活人的城市仍近得不得了，且透過穿進這個「異質空間（espace autre）」的喇叭聲、馬達轟隆聲、聖米歇爾教堂廣場的小孩嬉戲聲，時時招呼著我們。

墓園是城市中的另一個「城市」——一個屬於亡者的城市，這個說法當然了無新意。但這裡的特異性，就像傅柯所指出的，在於其基進意義：時間關係在此被完全改變——坐落於比較下面的那個

● 與活人城市相望的「另一個城市」（Léo Brossat攝）

墓園，凍結在此的不只是某個19世紀，而是似化石般被永久保存的某種「結核病時代」。位於比較上面的合布奎特墓園，那一幀定格圖像，那個永恆重複的場景是一批批被送去前線戰壕裡對抗德軍的殖民地軍隊，這些帶著「土著」（indigènes）名字的外地士兵（銘刻在一片可憐的牌匾上、上頭每個都有十字架）在機關槍前倒下、倒下、再倒下（馬

●芒通殖民地軍人殉職紀念碑
（Léo Brossat攝）

達加斯加人、摩洛哥人、塞內加爾人……）。就是在這個「完全不同」的世界中，眾所皆知擁有自己時間性的死亡、亡者們將其時間性，強加到在那兒走走的活人、散步者、好奇人士、攝影師，以及電影人身上。那一種遲緩，它使姿態變慢、使話語凝結、麻痺太過鮮活的情緒、攫住漫遊者與迷失者。

還有，跟在村莊裡的家族墓園可能會有的情況相反，在這裡，所有的參照都被廢除了：聚集在此的死者社會，就各方面來說，是一個反社會：不是因為家族系譜、同盟、親屬關係、相近性或父系重複聚集在此，而是因為某種奇怪而致

命的默契標誌、一個共同「記號」——結核病。這一個世界主義的反社會，或說異質社會，來自歐洲、北美各地，而他們的墓誌銘用各種語言寫成，其書寫風格標示著來源、條件、宗教信仰的多樣性。一個**疾病的社會**，他們或快或慢，但終遭疾病腐蝕並走向致命的結果，這個社會由復原、延緩的希望所驅動，最後擱淺於這個岬角，而長眠在這片美景之中。當然，這是一個完全缺乏組織基礎的社會：英國詩人與俄羅斯伯爵夫人、德國學生、捷克商人、波蘭外交官並肩而行——優渥的物質環境、昂貴的移居與安置條件，成為這些死者之間唯一的共同特質，他們的墳墓，即便已成廢墟，通常還是多少保留著虛華的貴族派頭。這些從各地來的死者，被肺癆流放，獨自長眠於此，跟他們隔鄰的芒通家族墓窖正相反，後者裝飾著各種塑膠花跟聽起來很像義大利義的姓氏，一大家子擠在一塊並肩長眠。然而這正是一種我們在談的死者的「反城市」：一座以墓窖作為房子的「城市」、遍佈鋪著小石子的小巷、紀念沙皇親信保羅王子（Prince Paolo Troubetzkoy）的小東正教教堂、用來接待基督徒的崇拜場所……

● 基碑前的真花與塑膠花裝飾
（Léo Brossat攝）

　　直到現在我才發現，我與這些死者維繫著一個隱密但異常堅固的連結：我9歲時，因為感染了初期結核病而整整一年不用上學；「感謝我出生得晚」（海爾穆‧柯爾，[2] 在一個完全不同脈絡中！），第二次世界大戰以後的盤尼西林、抗生素時代救了我一條小命，我的肺康復了，我又能跑能跳，展開遊牧人生未曾停歇。芒通是我的一站，我來這裡向那些沒我那麼幸運的肺病兄弟們致意。這個超過五十年的記憶我保存得完好無缺，就是那個簡單的動作拯救了我，而他們全都沒能做到：每個早上，費勁地吞下四大顆叫PAS的綠色藥丸……

　　坐落於較高處的那個墓園，那個「法蘭西紀念廣場」則訴說了一段被壓抑、被否認的歷史——也就是「土著們」被跟他們壓根無關的帝國主義戰爭動員的故事。一長串馬達加斯加的名字，大部分已經斑斑駁駁、不完整（只有姓沒有名），這些帶來一種苦難想像，好像讓人看見這些年輕人從他們的熱帶家鄉被連根拔起，在部隊醫院中飽受胸膜炎之苦

2　譯註：Helmut Kohl（1930-2017），德國政治家，德國基督教民主聯盟主席（1973-1998）、德意志聯邦共和國總理（1982-1998），創建歐盟的重要推手、兩德統一的要角，也是統一後首任總理。作者聯想到柯爾於1984年首任總理期間至以色列訪問，在耶路撒冷為納粹大屠殺道歉時，說出了「感謝出生得晚」這句相當敏感又意義深長的話語，柯爾意指德國戰後出生的世代不用再背負屠殺猶太人的罪責。

而死，要不然就是在停戰協議後，在這個地中海岸邊死於西
班牙流感……[3]

●法蘭西紀念廣場一隅（Léo Brossat攝）

　　在這裡，一切都顛倒了。死者躺在他們的岬角上觀察，
用他們死寂的眼睛「俯視」著底下活人的活動，他們根據一
種「原則」聚集在此，但那原則卻違反所有現代社會運行的
規則與分類法：結核桿菌，而不是從屬於同一個地方或國家
的共同體……。作為一個地方，這個墓園是一個破壞領土邏
輯的漂浮空間。另外，它也處於法國民族國家的邊緣，因為
芒通一直要到1860年才歸化法國，當地居民仍持續使用著比
較接近義大利語而不是法語的方言，而每個週末，來自鄰近
文蒂米里亞、熱那亞、甚至杜林的義大利遊客就會讓街道充
滿了義大利語的聲響……

―――――――――

3　在 2013 年，這一部分的墓園已經（終於）被重建。

　　我們可以在此清楚看到，異托邦不單單只是一個「異質空間」，也是一個必然帶有**差異性的**空間，也就是能區分開平常生活的地景、從中帶出歧異（différend）的元素：芒通舊城墓園中「靜止的時間」的陳腔濫調可以被重新發掘為一股新的力量，只要我們賦予其一種批判性質：墓園不再是我們憐憫這些被疾病帶走的「可憐死者」的地方，因為在我們的緯度，這種疾病已經不再散佈恐懼（儘管它還遠稱不上被消滅，而是持續伴隨著貧窮與悲慘）；我們應該在此建立一種批判立場，來面對正在我們腳下興盛起來的那些東西：暴利投機的支配、新貴階級的粗俗、一個寵愛自己的寵物，卻對服務他們的人（稱作「服務人員」的無數平民）毫不客氣的的休閒族世界。歷史的諷刺在於，透過各種陰暗勾當致富的俄羅斯新貴，如今在芒通市的賭場豪擲千金、買下整批整批的連棟豪宅，這裡原是俄羅斯的貴族跟莫斯科富商結束他們因為疾病而縮短的生命之所在。列寧的同伴盧納查爾斯基（Anatoli Lounatcharski）是早期蘇維埃共和國的公共教育部長，1933年他也是在芒通死於肺結核……

● 芒通墓園中銘刻俄文的墓碑
（Léo Brossat攝）

異托邦因此有了一個政治任務，在這個情況下，它成為一個反諷而清醒的撤退之地，而不是厭世或引退的地方。這個奇特的**空間／主題**（topos），讓我們覺得與死者為伍還比活人的陪伴好。不可思議地，比起底下那個浮華世界讓我們體會到的陌生感，我們與這些亡者之間更加「想法一致」。

從這一點我想說的是，「住」住墓園這個異托邦城中的死者，成為了一種無聲沉思、一種無聲抗議的理想同伴，理想而獨具一格，反對著當代的生活方式，反對這個地景、這個蔚藍海岸現代性的醜陋、這個彷彿漫畫般誇張的主僕、貧富差距世界，簡而言之，一個「羅馬」世界，只差沒有奴隸跟在競技場搏命的鬥士。世界注定要受政壇顯要們的挾持，他們的專長就是搶著開「本土」支票──仇外情感與安全感。世界被恐怖的財閥治理牢牢掌握，就像班雅明說的，[4]這個持續性災難的極端型態就是我們的當下。只用了幾十年的時間，支配著這些地方的掠奪性現代主義就將這依山傍海（地中海才有的自然環境）得天獨厚的生態系統，改造為臣服於金錢遊戲、投機行業、奢華娛樂支配的物質文明災難活證據（賭場、漆黑玻璃窗的四輪驅動車、穿著名牌服飾的狗⋯⋯）。

---

4 華特・班雅明〈歷史哲學論綱〉（"Über den Begriff der Geschichte," 1971[1940]）。

　　當虛無織成了這個輕薄世界的當下，當時間被靜止在某種永恆而空洞的消遣把戲，「生命」奇怪地，似乎就會朝著死者的那一邊而去。在墓園的頂部，聽得到連接蔚藍海岸與義大利的高速公路噪音，這是公路運輸的暴虐對景觀所犯下最令人震驚的襲擊之一……。

　　不過，回到我們的亡者……因為，到底，什麼是一個死者呢？死者是一個從自己的身體中被解離的人。一個人類的「生命」形式在他死後，可以是無窮盡的（人們永遠不會完全死去，只要人們曾從屬於一個他們留下痕跡或任何遺產的共同體）；但無論如何，這些形式的逝後「生命」形式從其構成元素及條件就表現出一個人與其身體的解離。因此在這個意義上，根據一種哲學以及亙古宗教的傳統，一個死者，在各方面，都是一個人從其軀體被解放，而不是被剝奪其軀體。

　　因此要在死者之間建構共同體、要就他們與當代的不良褶曲進行哲學思考，就有一個非常劇烈的悖論——一個亡者的「生命」最不需要的「剩餘」部分就是被保存在這裡；就是在這裡，就像傅柯所說的，一個空間被分配給一副軀體——死亡的軀體。對傅柯來說，其實是「鏡子與屍體分配了空間給身體的深層與原始烏托邦式體驗（l'expérience profondément et originairement utopique du corps）」，也就是說，以一個空間獨一性的狀態對身體加以限制——使身體獨

一無二且「不容置喙」。至於其他的，在人類之中，身體經驗本質上就是**烏托邦式**的：身體經驗會被轉化、被散射、被解離；身體經驗，就如字面上的意思，**沒有理由／沒有地方**（n'a pas de lieu）。我引用：「我的身體，就像太陽城（la Cité du Soleil），它不存在，但所有可能的地方，不論真實的或烏托邦式的，都從它開始並發散出來。」[5]

　　傅柯對身體烏托邦狀態的強調向我們揭示了所有墓園的虛假表象，尤其是在這裡，芒通舊城墓園：也就是，真正將墓園變成異托邦，或潛在地使墓園作為一個異托邦的，恰恰與表面相反，事實上並不是屍堆、人類遺骸。屍體不會在那裡休息、不會保存在那裡，而是在那裡消失、消散、回歸塵土，它們把位子留給死者，在屍體消散許久以後，只留下永久的名字證明它們的存在。因此墓園可以說是一個亡者們**縈迴／居住**（habité）的地方，而

●芒通舊城墓園一景（Léo Brossat攝）

5　同註1，頁18。

不是擠滿屍體之處，是我們伸手可及的亡者，是親友們在諸聖瞻禮節（Toussaint）或每天前來拜訪弔念的亡者——甚至也有一些承受無止盡喪親之痛的人會前來**對話**，傾訴他們的痛苦與秘密。因此，就某種角度而言，它們是「活的」亡者。

所以，在芒通舊城墓園，讓我跟這些亡者締結共同體、讓我與它們共享對底下小鎮——那在我的童年歲月中曾如此溫柔、可愛，而在後來被成群觀光客與財閥粗暴褻瀆的小鎮——正上演的戲碼很反感的，就是被排除在外、被流放、被連根拔起的共同命運：來自四面八方、操著不同語言、處於各種條件、帶著各種信仰，全都被一個或另一個災難連根拔起——肺結核、世界大戰——來自中歐的富裕商人、俄羅斯皇后的侍女，甚至馬達加斯加高原的貧窮牧民、摩洛哥阿特拉斯的牧羊人，他們都與我如此接近，失去原生宇宙、被流放並最終安息在這個岬角上的他方濱海墓園，這裡在天氣晴朗的時候，偶爾能看見遠方科西嘉島黝黑而陡峭的輪廓……沒錯，跟他們一起，我們共享一股秘密的根深蒂固憤恨，源自這個我童年著迷之處現在所遭逢的災難，以及，沒什麼好掩飾的，我的父母將會在此與世長辭的焦慮。

然而，這個地方，這個芒通舊城墓園對我來說很珍貴，這些亡者對我來說也很珍貴，因為就像傅柯在〈異托邦〉中所說：「人們並不是活在一個中性而空白的空間中；人們的

生命、死亡、愛情都不是在一張四方白紙裡頭。人們在一個網格化、切割、染色的空間中活著、死去、相愛，那兒有明有暗、有不同層次、有階梯、有凹陷、有顛簸、有的區塊堅若磐石、其他的易碎、脆弱、滿是孔隙。」因此，我們是活在差異化的空間，被變動圍繞，所以得以變得**異質化**。傅柯又說：「然而，在這些彼此有所區隔的地方之中，有一些是**絕對**不同的：這些地方對比著所有其他地方，它們是注定要以某種方法抹去、中和、或是淨化其他地方，它們是某種**反空間**（*contre*-espace）。」[6] 而且，重新連結到我前面用到的童年紋樣，傅柯又補充，特別是小孩「最懂這一些」，這些地方，並使他們的全心投入變成一種生活方式──花園、閣樓、印地安帳篷、父母親的大床之類的。班雅明式的主題，如果有的話。

　　當我們朝向異托邦的那一邊──有時候一小步就夠了，而且長途跋涉也不保證能抵達──我們就將自己放到一個有別於當下的位置。為什麼在我們社會當中墓園作為一個異托邦的強音，其原因再明顯不過──不就是死者與生者之間的差異與一切差異典範完全不同嗎？這個差異是絕對而不是相對的。從這個意義上來說，我們城市當中無處不在的墓園（這個現象對我們來說已經太過熟悉以至於甚至忘了）正鮮

6　同註1，頁24。

明地成為這一段銘文的證據，也就是真正的**異托邦驅動力**就在我們境況的核心：當我們被更嚴苛地「領域化」、被指派各種任務、功能、定義、規範，我們就更急迫地渴望逃往「異質空間」。在這些情況中，一切都可能被視為異托邦式的生成變化（devenir hétérotopique），以至於沒有任何持久不變的本質性異托邦存在。

從這一個觀點來看，比起異托邦的條件，我會比傅柯更強調**異托邦式的生成變化**。每年的8月15日前後，成群結隊的喧鬧觀光客和不請自來的電影人入侵以後，芒通舊城墓園就不再是一個異托邦，而完全像是一個嘉年華，典型的異托邦式活動，從那個時候起，就像在尼斯，那裡就變成一樁當地慶典委員會操辦的生意……。相反地，一切（或幾乎一切）都可以變成一個異托邦，只要它被用來產生一種區辨的程序，透過這個程序人們習以為常的領土統一性將被破壞，而連續性則將被建立在那些對立把戲的兩端之間，家人與陌生人、共享與私密、日常的與超乎尋常的等等。從這個角度來看，人們可以簡單地說有眾多異托邦，而伴隨著異托邦被「領土化」而消失，新的異托邦會不斷地出現——就這麼單純地因為生命會異質化、會變動、會從差異中脫穎而出。[7]

7　關於這一點見剛居朗（George Canguilhem）的著作《生命的認識》（*La Connaissance de La Vie*, 1965）。

　　就這觀點而言，沒有任何一個異托邦不是主觀化的過程——每個人都有他們或多或少完美的「個人」異托邦，而對其他人來說可能沒那麼完美，或一點也不怎樣……。每個人都有他的個人異托邦小「寶庫」——每個人都可以是一個個別主體或一個或大或小的群體。

　　所以，一些我個人的例子：

- 每年7月14日，康塔爾省的馬爾熱里德地區呂訥（Ruynes en Margeride）的二手書市集：一個時間還沒到就讓我滿心歡喜的儀式，一趟旅程（傅柯提醒我們，我們不會像走進磨坊那樣簡單就進入一個異托邦），一個「另類的」7月14日（沒有旗幟、遊行、舞會、大張旗鼓），一場稀有書籍的尋寶，一本如天上掉下來的二手書，會在輪到它時帶來一個異托邦式的分歧，翻轉預先謹慎固定好的閱讀程序……但也是與朋友共享、啟蒙的二手貨。一個曇花一現的異托邦，但會一再捲土重來……。如果我們因為生病、抽不出時間、出國在外而不能參加，就會很懊惱……

- 一個早被森林重新覆蓋的原住民村落，在微小不可見的路徑上，布農族人（臺灣島的山中「先民」）帶領著我們。通往那裡的好幾個小時步行，險峻而令人不安，帶著一種原始路徑的味道。而當我們到了那

裡——如果不算上我們嚮導那肉眼可見的情緒，那裡
什麼都沒有：儘管那兒曾經住著他們族人，甚至曾經
有教堂、學校——在日軍為了重組他們而將他們趕到
受控制的「村莊」之前，一招所有殖民者都再熟悉不
過的策略。獵人直至今日依然勇猛，我們的布農朋友
已經將這個秘密地點銘刻在他們隱形的路徑上。他們
祖先的靈魂迴盪在那兒，即便**我們**在那兒只看得到盤
根錯節的灌木與百年老樹。

- 所有好電影，所有好電影都在默默地孕育它們的異托
  邦，佈置它們的逃逸路線。柯勒茲（Nicolas Klotz）
  跟柏希瓦爾（Elisabeth Perceval）的《人性問題》（*La
  Question Humaine*），[8] 講述了一個特別沉重而嚴肅的
  主題——從今日企業中工作組織的「理性化」到屍體
  的工業化生產。但就在這裡，用不著強加什麼專橫的
  敘事，異托邦的紋樣就浮現了——一個致力於弗拉明
  哥藝術的地窖、一個自由奔放的女孩們經營的酒吧、
  一座即興跳起銳舞派對的不可思議小島、一間人們喜
  歡有自己習慣的鄉下庶民小餐廳……還有很多其他地
  方，而且提醒著我們：不，這個圈子沒有被關上，我
  們的故事，過去、現在、未來，沒有被完全封閉在電

---

8 《人性問題》，2007 年的電影作品，由 Nicolas Klotz 執導，Mathieu
   Amalric、Michael Lonsdale 等主演。

影所建構的陰暗典範中⋯⋯

簡而言之：一個**他處**永遠都可能。在發現、實踐一個異托邦的過程中，我們挑戰自己的**能力與力量**（puissance），使自己有別於我們自己——使自己與世界站出差異。傅柯，在這裡，從這個在他的研究中看起來次要的紋樣，而再一次與德勒茲「交會」，更不用說尼采了——那是一點不差！

在《詞與物》一書的序言中，傅柯闡釋了他心中烏托邦與異托邦之間的對立：

> 諸烏托邦撫慰人心：它們儘管不是真正存在，但仍能在一個美妙而平滑的空間蓬勃發展；它們開闢城市、康莊大道、精心栽培的花園、簡單的國家，儘管其可行性純屬空想。諸異托邦則令人不安，無疑是因為它們悄悄地破壞了語言，因為它們妨礙了這個跟那個的命名，因為它們分解了共同的名字或是將其糾結在一塊兒，因為它們預先毀壞了「句構（syntaxe）」——那個比較不明顯地將詞與物「聚在一起」（彼此相依或相對）的東西——而不只是組成句子的東西。[9]

---

9 傅柯《詞與物》，1966，頁9。關於這一點也可參照〈異質空間〉一文，收錄於《言論寫作集4：1980-1988》（ *Dits et écrits, tome IV: 1980-1988* ），頁752。

　　這裡鬆鬆散散地講的整個綱要，其實正是一個哲學綱要。選擇「住」在一個諸異托邦而不是諸烏托邦的世界（後者心甘情願地託付給或多或少去史達林化的馬克思主義者、託付給布洛赫），是在「含蓄地」定義一個哲學任務——「令人不安」而不是「撫慰人心」。從這幾行文字被寫下以後，烏托邦的紋樣就開始不斷地被淡化，即便異托邦的紋樣，或應該說，諸異托邦的紋樣，才剛剛開始揭開其希望，難道這只是巧合嗎？

本文譯自作者收錄在*Abécédaire Foucault*（Editions Demopolis 2014）一書之H: Hétérotopies之法文文本

● 法蘭西紀念廣場（Léo Brossat攝）

共同體與
異托邦

| 王紹中・譯

　　在《孤獨漫步者的遐想》（以下簡稱《遐想》，*Rêveries du promeneur solitaire*, 1782）這本書的開頭，盧梭（Jean-Jacques Rousseau）見證了一個經驗，或者毋寧說一個可怕的磨難——他被逐出人類共同體。當然，我在此談的不是一個事實或一連串被證實的事件，我只是轉述《遐想》敘述者的看法，我重申一遍，他見證了在這方面他所經歷到的情況；因此，我們在此係置身於一個主觀性劇場中，連同當中所表露出來的喜怒哀樂。因此，這就是這位敘述者所說的：「全世界聯合起來對付他，社會放逐他，把他說成是一個怪物。」因此，他不得不逃離城

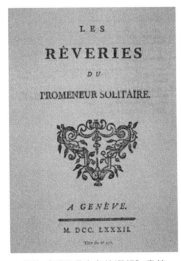

● 盧梭《孤獨漫步者的遐想》書籍封面（維基共享）

市，離開他所寄居的國家法國，回到他的祖國瑞士避避風頭，在這裡他再度遭到迫害（他在《懺悔錄》〔*Confessions*〕最後幾卷中做了極其詳盡的講述），致使他逃避到比爾湖（lac de Bienne）中央的聖皮耶島（l'île Saint-Pierre）上，注定遭逢一種近乎全面的孤獨。

這裡，發生在他身上的事情更被描述為一個純粹的磨難，而非一種經驗，因為他說自己並不明白發生在他身上的事情。他將通往這場「災難」（在《懺悔錄》中反覆出現的字眼）的一系列事件描述為發現自己「墜入」的「一個難以理解的混亂」。他寫道：「我愈想到自己當下的處境，我就愈不明白自己在哪兒。」

他努力想要理解，因此建立某種記錄的東西，是關於一種落在極端筆調中的磨難，接近於漢娜·鄂蘭（Hannah Arendt）稱為**荒涼**（désolation）[1] 的東西：「我在地球上，就像在一個從我所居住的星球跌落至此的陌生星球上一樣。」[2] 這個墜落令我們想起了其他的墜落，例如聖—修伯里（Saint-Exupéry）的小王子，不同之處在於在《遐想》的

---

1 鄂蘭認為荒涼跟隔絕（isolement）不同，隔絕仍然不脫跟「共同」的關聯，而荒涼是「絕然的不屬於世界」（《極權主義的起源》〔*The Origins of Totalitarianism*, 1951〕），並將這種跟世界、與人斷絕關係的狀態視為極權主義基礎。

2 引文出自盧梭《遐想》之〈第一回漫步〉。

荒涼世界中，我們見不到一隻說話含蓄、態度和善的狐狸蹤跡……

《遐想》的敘述者認真看待放逐人物：被放逐者不僅會被逐出人類的共同群體，他也注定遭到公訴，等同於阿岡本（Giorgio Agamben）在《被詛咒的人》³中所提到的**狼人**（loup garou），任人宰殺、滅絕無罪——他的生命時時刻刻都處於危險之中，正如塔維赫山谷（Val-de-Travers）插曲所呈現出來的（始終是在他的視角），受到牧師煽動的農民威脅傷害他並朝他的窗戶擲石塊。在這裡，被視作**純粹磨難**的放逐所帶有的情感成分、跟存在有關的成分很明顯：在自己的眼中，敘述者跟他一直以來的樣子完全是同一回事——一顆充滿感情的心，一位能與他人往來的人，一個有道德情操的人，本性善良，即便有些樂於承認的小毛病……然而現在，他發現在別人的眼中他**是與自己截然不同的另一個人**：一個「兇手」、一個「毒害人心者」、「人種的敗類」。此處，就在主體對自己的敬重（由對自己思想、感受、事蹟和舉動的長期仔細觀察所滋養而成）與他在別人眼光中所發現

---

3 譯註：「被詛咒的人」（homo sacer）是古代羅馬法中某種人的類別，其屬性是遭到社會排斥、任何人見之皆可殺之、並且被排除在宗教儀式犧牲之外（不可獻給神）。《被詛咒的人：至上權力與赤裸生命》（*Homo Sacer: Sovereign Power and Bare Life*, 1998）是義大利政治哲學家喬治·阿岡本的代表作。

的東西之間的南轅北轍中，有著一種令人無法忍受的劇烈震盪。如此渴望與人交往、在真誠和無私的基礎上與同類建立**真正關係**的人，怎麼會發現他以如此的方式「在世界上孤單一人，除了自己，不再有兄弟、同類、朋友、與人的往來？」——這是《遐想》開卷的第一句話，描述出一個真正**無宇宙的**（acosmique）[4] 處境。

因此，《遐想》首先見證了一種打擊（un choc），精神病學家或許會說是那是一種創傷，而這是他在那些「漫步」過程中加以消化的。對於這些漫步，同一批人也完全可以說成是自我分析的「療程」（séances）。這方面的證據就是，在〈第八回漫步〉中，這種毫不虛假的創傷復現之流（flux de reviviscence）依然淹沒了他：「最初的驚訝令人惶恐不安。我覺得自己值得被愛和尊重，我相信自己受到敬重、受到珍惜，並且值得如此，突然間我看到自己被扭曲成一個就像未曾存在過的可怕怪物。」

人類共同體（la communauté humaine）的喪失，表現為全面化的失愛（désamour généralisé）和一種可怕的變形，藉此昨日的寵兒（法國文學和哲學的**神童**〔Wunderkind〕，受到全歐洲讚揚）轉變成一個如同在卡夫卡（Franz Kafka）小

---

4 譯註：指與可感知的宇宙無關的狀態。在哲學上，無宇宙論（Acosmisme）指視宇宙為幻象的學說，並認為只有無限未顯的絕對是真實的。

說《變形記》（*Die Verwandlung*）中的卑賤生物，轉變成一個不虔誠的傳道者，宣揚著有問題的自然宗教教義（〈薩瓦牧師的信仰自白〉）。[5] 於是，對無辜者的陷阱無可避免且毫不留情地合攏：「聯合〔陰謀〕無處不在，沒有例外，無可挽回。」因此，被提出的問題相當斷然：很簡單，面對這個無處不在旨在將這顆純潔的心從人類行列中剔除的陰謀，該如何**活下去**。「如何在這種可怕的狀態下過得幸福而平靜？」盧梭問道。

《遐想》所給的答案非常清楚：由於人的惡毒（méchanceté），在任何與人類共同體關係斷開之處，一條出路就擺在眼前——重新建立已經喪失的（因為在文明進程中生命在社會狀態下的不良習慣）與自然合一（la communion avec la nature）。首先，這涉及將不幸改觀（transfigurer）成幸運：敘述者的迫害者趕走了他，也一舉將他置於他們的勢力範圍外，從而為一種新的全上權（une nouvelle souveraineté）開闢了空間。他們將他從他們的行列中逐出，也一舉將他從層層壓在社會主體（le sujet social）身上的所有束縛和不安中解脫出來——他們以為壓垮了他，實際上他們給了他全部的自由。他們把他推入**最糟的孤獨**中，

5　譯註：〈薩瓦牧師的信仰自白〉（"La profession de foi du Vicaire savoyard"）是盧梭著作《愛彌兒》（*Émile ou De l'éducation*, 1762）中的一部分，對教會制度展開抨擊。

也弔詭地一舉為一種全然的無憂無慮、一種十足的心靈平靜創造出條件——他現在知道不會有更糟的事情能夠發生在他身上，他已經觸及了「深淵之底」，一種「完全的寧靜」因此可以在他的心靈中建立起來，一種新智慧的空間正在形成。這位新斯多葛主義者的智慧，將自己所受到的迫害，以積極的方式轉化為自己在面對同時代人的陰謀和命運的打擊下得以豁免的機會，從而做到把有害的變成有益的。共同體（在此指全體人類的共同體）的視域，這個被弄得模糊不明、磨損褪色、受到褻瀆的視域，被一種有限人物（une figure-limite）的視域所取代——在與自然重建和諧的背景下，**與自己的共同體**（la communauté avec soi-même）的人物。與自己的共同體，因為在這裡成形的人物不是某種單純退縮、某種封閉、某種唯我論（un solipsisme）[6]的人物；一個新的空間正在開展，也就是一個自我關心（souci de soi）的空間。這種關心建立在一些新的前提、一套自我實踐（pratiques de soi）以及跟自我展開的無止盡對話之上。簡而言之，一種自我跟自我關係（une relation de soi à soi）方面的實驗空間，在這個空間裡，永遠沒有任何東西會在根本上獲得一致的確認，即便事關透過努力進到一種**智慧的狀態**（un

---

6　譯註：唯我論是主觀唯心主義的一種極端形式，視主體自身的意識為唯一真實存在，其餘的意識或外部世界只是表象。

état de sagesse）中——當中，主體會感到自己清清楚楚地立足於另一岸（une autre rive），在另一個空間中，在另一個時間中，並且再也沒有任何世界上的狂暴和愚昧能夠影響他（正是此處浮現出異托邦的問題）。

在講完荒涼所帶來的磨難後，敘述者很快地以一種近乎快樂的筆調寫下了這個一百八十度的轉變：「這是我的迫害者，那些無所不用其極使出了他們所有惡意舉動的人，對我做出的好事。他們自己卸除了所有對我的掌控，我現在可以譏笑他們……比起與他們為伍，我在自己的孤獨中快樂千百倍……他們對我行善也罷、作惡也罷，來自他們的一切對我而言都無所謂，並且無論我的同時代人做了什麼，他們對我來說永遠都無足輕重……在深淵之底平平靜靜，雖然是個不幸的可憐凡人，但**像上帝自己一樣不可傷害**（impassible comme Dieu même）。」（作者：黑體由我所加，旨在強調）

因此，這裡所關切的見證內容，無非就是在歷經對人類共同體的希望破滅（或說幻覺？）後，一種**重一生**（renaissance）、一種新生的到來。這不是一種在此顯露出來的逆來順受的心態，也不是一種不得不吞下的較小的惡，或者是一種退縮、殘缺但被接受的生活；相反地，這是一種正訴說著自己的蛻變（une métamorphose qui se raconte）。一種轉變（conversion）發生了：這位戰士，或者如果想要，也可

以說這位平等行者（le pèlerin de l'égalité），這位現身在《懺悔錄》中渴望尊嚴的平民（他也因此跟社會治安部門發生衝突、跟各類「大人物」爭執不下），重新組織他的戰鬥力——他不但不對他的迫害者認輸、滋養其受害者的地位，反而抓住他「災難」所提供的機會，在促進自主性及主體至上權的發展上，做出精采的示範。隨著共同視域（l'horizon du commun）的泯沒，在《懺悔錄》中坐落於存在最深處的這套**平等政治觀**（politique de l'égalité）的視域也開始模糊。從現在開始，是在發明出一種**具有示範意味的智慧**（une sagesse exemplaire）的向度上，對自由的熱情和對自主性的關心將重新坐落。這是一種智慧，它與取得一個**他異空間**（un espace autre）⁷密不可分，與發展出一種從「人類諸事」（affaires humaines）及其變化的運行（cours）中鬆脫開來的時間性（temporalité）密不可分。

　　孤獨的漫步者是此一他異空間的丈量者（arpenteur），也是從社會時間（le temps social）中解脫出來的這種時間性的主人（或發明者）。撤退到聖皮耶島上這段**被掏空和被擱置的時間**（temps évidé et suspendu）變成了一種「永恆」，

7　譯註：形容詞autre一般置於所修飾的名詞前，指「其他的」。此處則置於名詞後，指「另外的」，凸顯出「與此無關、全然不同」、「不是此類而是另一類」的意思。准此，我們將espace autre譯為「他異空間」。

主體在其中也享有了他充分的至上權。這種從「世界及其浮華」手中搶來的時間，不是無聊的時間、感到抑鬱的孤獨時間。相反地，這是一連串挽救來的時刻（une succession d'instants sauvés），在其中主體藉著採集植物標本、探索島嶼、醉心於各種遐想中、委身於回憶的周旋中，而完全回到自己身上、「擁抱自己」。異托邦出現在此，作為**在最後時刻**（in extremis）提供一種挽救的地方，受盡折磨的主體看到他的改觀（transfiguration）。它是時間在此停止讓人逃過一劫的地方（lieu miraculé），它是坐落在現實中存在著的地方；確實，它不是一個想像的地方，一個烏托邦。另一方面，它是一個**在世界之外**的地方，或者至少是一個**在世界邊緣**的地方。這座島嶼象徵性的位於「比爾湖中央」，被液態元素保護並跟人類世界隔開，幾乎無人居住。它出現在此，作為完美的異托邦、理想的「反地點」（le contre-emplacement idéal）。傅柯說：由反地點出發，「所有人們可以在文化內部找到的其他真實地點皆同時受到再現、爭議和顛倒」，一個「外於所有地方、儘管實際上它卻是可確定位置的（localisable）」地方。[8]

　　然而，這個他異的地方（lieu autre）在某種方式上跟烏

8　譯註：這兩段引言皆出自傅柯〈他異空間〉（"Des espaces autres," 1967）。

托邦有所關聯——主體無法在這裡安定下來，他只能在一個時間片斷（un éclat de temps）中，在一個彌賽亞時間碎片[9]中，在遠離社會世界的情況下，體驗或許對他而言**有可能是**一種永恆重生的東西；但時間不能永遠擱置它的飛行，而島嶼不久後只會是一個令人難以忘懷的遺憾：「他們只讓我留在這島上兩個月，然而我可以在那兒度過兩年、兩個世紀、永遠，而沒有一刻會感覺到無聊，儘管我跟我的伴侶除了跟稅務員（receveur）、他的妻子及僕人之外沒有其他的往來，他們確實都是非常好的人，但沒有其他人了……。為什麼我不能在這個心愛的島上度過我的餘生，永遠不離開，永遠不再見到任何一位岸上的居民，他們會讓我回想起多年以來他們樂於施加在我身上的各種不幸！」

　　在島上實現的烏托邦（取該詞在今日通行的涵義）是一種主宰了時間的烏托邦，主體從任何形式的監督（tutelle）和依賴中解放出來，完全可以進行他所謂的**遐想**，這包括回想（anamnèse）、冥想、練習（按照斯多葛學派賦予這個術語的意義而言）等。這種撤退到島上的情況顯然與笛卡兒

9　譯註：彌賽亞時間碎片（une écharde de temps messianique）是華特・班雅明在〈論歷史概念〉（"Sur le concept d'histoire," 1940）短文結尾處提到的說法。

（René Descartes）蜷縮在鍋中一事不無關係[10]——唯獨一個差別，並且這差別至關重要：在這裡所涉及的主體不是一個形上學的人物，而是倫理學的。與此處有關的計畫不是為一種關於世界的可靠知識奠定基礎，而是為一種自我實踐奠定基礎，這個實踐旨在為一種主體的全面豁免（une immunité générale du sujet）建立其最佳條件。在笛卡兒那兒，鍋子是一個零點，由此出發，一個征服事業，一個擴展主體及掌握世界的過程取得了基礎。在盧梭那兒，小島看起來像一個界域（une sphère），一個斯洛特戴克的泡泡，[11]一個保護的包覆物（enveloppe protectrice）。奇特的是，《遐想》的敘述者在提到這種庇護的異托邦時，他也毫不猶豫地將它跟另一個意想不到的異托邦拉近距離：「這種遐想〔他在聖皮耶島上醉心於此〕可以在任何我們能夠靜下來的地方嚐到；我常想，在巴士底獄中，甚至是在伸手不見五指的地牢裡，我都可以愉快地遐想著。」關鍵的問題當然是知道，將他放在此處所提到的條件下，在薩德侯爵（Marquis de Sade）這位跟

---

10 譯註：笛卡兒在《方法論》（*Discours de la méthode*）第二部開頭處提到：「我鎮日獨自一人，關在鍋子裡，在這裡，我有足夠的時間，跟我自己談論我的思想。」

11 譯註：斯洛特戴克的泡泡（une bulle sloterdijkienne）指德國哲學家彼得·斯洛特戴克（Peter Sloterdijk）在其系列出版「球體」三部曲中的第一部《泡泡：球體I》（*Bubbles: Spheres Volume I*）中所談的概念。

他在時代上完全重疊的同時代人的位置上，我們這位讓—雅克是否會寫出（一個孤獨囚犯的）《遐想》，或者是《讓—雅克在索多瑪和蛾摩拉的一百二十天》。[12]

　　什麼是**跟自我一起創造共同體**、立足在跟自我的共同體中？這涉及建立一套持續研究自我的部署（dispositif d'étude continue de soi），敘述者說，它類似於氣象裝置——一個由一系列的觀察及分析所組成的裝置，旨在日復一日地描述天氣狀態；在此處則是一種每日精神和道德的氣象學：「在某些方面，我把自然科學家為了知道每日的空氣狀態而對空氣所做的操作搬到我身上進行。」如此回到自我上，孜孜不倦地研究自己，無止盡地自我診斷，這當然是讓自己從別人的眼光中解脫出來，讓自己從任何對他們尊重的渴望中、從任何對名望或榮耀的渴望中解放出來——「想要被人們瞭解得更深的渴望從我心中消失了」。孤獨是與自我關係強化（intensification）的條件和另一面。從今以後，主體將關心他自己、做他自己，並且活在他自己身上，但這是建立在一種模式上，這個模式總是以一個跟自我之間的落差或差別的形式（une forme d'écart ou de différence à soi）的持續存在為

---

12 譯註：《索多瑪120天》（*Les Cent Vingt Journées de Sodome*）是薩德侯爵（Marquis de Sade）被關在巴士底監獄期間所寫的一部放蕩小說，作者將這本書的名稱套用在盧梭身上。索多瑪（Sodome）和蛾摩拉（Gomorrhe）是聖經中提到的兩座城市，因罪惡而被耶和華所毀滅。

前提——它確實是一個敞開著的空間，在其中自我與自我的
關係始終是關注的焦點，這並非倒退到某種初級自戀
（narcissisme primaire）[13] 的位置上，當中主體牙牙學語反覆
說著：「我是我」（moi c'est moi），並陶醉在他小小的差
異中。

　　這個空間總是以將我從其自身中拔出（un descellement
du moi d'avec lui-même）此一要素為前提；這個空間也對於那
個帶著整全性及密實性的我之獨霸局面（la monarchie du moi
molaire et compact）[14] 保持著頑抗不從的態度。這樣的空間
打開了記憶的諸迷宮（labyrinthes de la mémoire）。「在它（我
的想像力）從現在開始所生產的東西中，追憶（réminiscence）
多過於創造。」在這個回想的過程中，敘述者探究他的過
去，正如我們所說的那樣重新審視它，並且駐足在不同的插
曲（épisodes）上。而自我跟自我的差別（la différence de soi à
soi）、甚至是去主體化（désubjectivation）的主題就坐落在
核心處——發生在1776年10月24日的一椿「意外事故」，在

---

13 譯註：根據弗洛伊德，初級自戀是兒童心理發展的一個階段，在選擇
　　外在對象之前將自己作為愛的對象的階段。相較於此，次級自戀
　　（narcissisme secondaire）則涉及兒童將心理投注從客體上抽離並回到自
　　我身上的階段。

14 譯註：molaire指將一組事實當成一個整體來考量，這裡所說的「帶著
　　整全性及密實性的我」指被當成一個整體並且在組成上密實而毫無空
　　隙的我。

漫步前往當年還僅是村莊的梅尼蒙當（Ménilmontant）的路上，他被一隻大狗撞倒，受傷、頭昏眼花，在一種十足平靜的狀態中看著自己的血液流出；或者像《懺悔錄》的撰寫，這是跟他自己，針對真誠的修辭、虛構的權利、謊言及文學修飾之間所建立的關係，展開一場熱烈討論的機會……在這種回歸自我、重新贏回自我（reconquête de soi）的運動中，「自傳式的」（autobiographique）思想和自我反思（auto-réflexion）保留下對話的元素——主體在跟自己一起商議（délibération），這種商議所表現出來的寧靜並不意味著沒有緊張。關於這點，我們只需要讀一讀敘述者回憶起那樁在《懺悔錄》中已經詳述過的罪行（他因緞帶被偷而被判有罪）的段落便足以明瞭：「讓可憐的瑪希雍成了受害者的那則罪惡的謊言給我留下了不可磨滅的悔恨，讓我的整個餘生不僅遠離任何這類謊言，也遠離所有那些以各種方式有能力損及他人利益和名聲的謊言。」在這種跟自己之間受到強化的商議中，主體至少在部分上保留了把自己看成**自己的他者**（l'autre de lui-même）的能力，正如在《懺悔錄》中經常出現的情況。順帶一提，這提醒我們，無論是哪一種，任何共同體形式皆不以組成它的成員之間有預先建立的和諧（harmonie préétablie）為前提。在這裡，努力回返自身的讓─雅克保存了他在一些角色或姿態中重看自己、重新造訪自己的完整能力，而在這些角色或姿態中，他重新認識自

己，但卻不跟自己畫上等號——像是那個不認錯的小竊賊，那位昏昏沉沉躺在路上享受星夜的傢伙，那個「自小就被丟進生命漩渦中」既凶悍又難馴的平民，那個依舊經不起他同輩惡意中傷的作家等等的姿態。從這個角度來看，被縮減到它最簡單表現方式（一個人轉向其自身但從不與其自身重合）的共同體也絕非什麼輕鬆愉快的事；在所有情況下，它始終是一處磨難場域（champ d'épreuves），以及當中**跛行元素**（l'élément d'une *claudication*）始終存在的一種地形（topographie）。

敘述者努力跟自己建構出來的**真共同體**（la communauté vraie），正是與由人的社會所建構出來的**假共同體**（la fausse communauté）相對立的東西。後者是一個詭詐的系統，在這個系統中，天真的個體（讓－雅克）看到自己被那些疼愛他、讚美他的朋友所包圍，而各種幻象一同維護著這種「甜蜜的信賴」，這讓他在這個界域中感到被認可和安全。但事實上，「包覆」他的東西是他那些虛假朋友的「構造（trames）」〔陰謀〕，那些真正嫉妒他並處心積慮要搞垮他的人。敘述者記得從幼年時就被丟進這個多變的世界中，事實上他從來都知道自己並不「適合生活」在這個社會中，他從一開始就戳穿了它的假象，他的經驗很早就教導了他。但在這個世界的騷動和迷惑人的光彩中有一種**魅力**，讓他難以自拔。人們在其中某種程度上活得**外於自我**（hors de soi)、活在一種不間歇的狂熱中，人們被這個世界的速度所攫住，被它虛假的光彩所蠱惑，並且以如此方式，人們忽略了整個**自我關注**──這來自純粹的柏拉圖，在那裡他描繪了身陷感官中的「民主人（homme démocratique）」的輪廓。

真共同體──在其中一個人藉著跟自然重新建立關係而重新跟自己合在一起──以一種「**大革命**」（grande révolution）為條件。經由這種革命，一個人轉向自己，並且藉著跟假共同體一刀兩斷而進入一個新的「道德世界（monde moral）」。

事實上，在假共同體中，一個被賦予了最佳稟性的人只能屈從各種「習以為常的惡（vices d'habitude）」；勇氣必然包含了引導人們從假的到真的共同體、從沉溺在詭詐、嫉妒和謊言的社會中的**壞地方**（le mauvais topos）到孤獨的異托邦的**轉折**（tournant），這個勇氣開闢了一條通向**主體再道德化**（une remoralisation du sujet）的道路，這個主體回到了他純潔的心和他天生善良（bonté native）的最初稟性。

回到自然，就是回到他**自己的本性**（naturel propre）、回到他對獨立的天然傾向（penchant）、他對一切監護及義務（obligations）油然升起的厭惡。這確實是一種**逃離**（fuite），然而是一種比懦弱更勇敢的逃離，因為它是主體的道德重生（la renaissance morale du sujet）、是讓他擺脫社會「小人

（petit homme）」的那層皮膚而實現蛻皮（mue）[15] 的條
件；也是敘述者為之辯解的一種逃離，他寫道：「我寧可逃
離他們〔我的同胞，特別是迫害我的人〕，而非憎恨他
們。」回歸自然（反對「文化」，因此，不僅僅是反對社
會）不僅僅是在空間中的移動。這是一個全面的過程，當
中，個人拋卻壞習慣以回歸本能（「我不再有其他的行為準
則，我全然只依循我的天然傾向，無拘無束」），斷開思想
的嚴格約束（在最強的意義上——哲學鑽研）以便醉心於遐
想，任由自己在林間漫無目的遊蕩而非應允交際要求或飯局
邀約，培養他的無所事事（oisiveté）而不是努力學習，忙於
「花朵、花蕊和充滿孩子氣的玩意兒」而遠離迫害他的人，
他們永遠不會停止想方設法地傷害他。因此，回到童年，但
毫無退化的成分；在重新融入自然元素中的形式下，進行不
假外求的遐想；求助治癒一切並敞開雙臂的森林，一個如此
完美的避風港，以至於人們可以視之為對「最好的人」
（meilleur des hommes）許諾的天堂前廳：「逃離惡人幫的
時刻是美味的，一看到自己在樹下、在一片綠意中，我便覺
得自己宛如置身人間天堂，我嚐到的內在愉悅是如此強烈，
彷彿我就是凡人當中最幸福的一個。」

　　實際上，一樣有道理的是，回到自我本身不就是準備死

---

15 譯註：mue是指動物換毛、蛻皮，或少年發育期的變聲。

去及好好死去嗎？不就是「提前準備我遲早要給的交代嗎」？

「已回到自然法則之下」，或許人們會說，敘述者完成了他的**轉折**——從與人類為伍的假共同體，到與自然合而為一。回歸自然信仰（la foi naturelle），回歸自然醫學（la médecine naturelle），回歸簡單的快樂，回歸簡單並使人充滿活力的食物……現代生態學找到了它的祖先，伊萬，伊里奇（Ivan Illich）[16] 找到了他的前輩：「在人給自己帶來的眾多疾病中，沒有一種不能由廿種草藥所根治。」

但事情就這麼簡單嗎？焦慮痛苦和憂鬱有時會在整套配置的最核心處浮現出來，而這裡也正是主體的新確信落腳之處。從一個句子到另一個句子或幾乎如此，一陣天崩地裂降臨，這透露出**真共同體**構築其上的地基的脆弱性。如此，在〈第八回漫步〉中：「無論人們想以什麼方式看待我，他們都改變不了我的存在；並且儘管他們的權勢和他們所有暗地裡的陰謀，不管他們做什麼，我將繼續無視他們做我自己。」接著，在幾句話之後，一幅景象突然浮現，摧毀了這個不假外求而無所不能的美夢：「孤伶伶一人，生病並且被遺棄在床上，我可以在此死於貧困、寒冷和飢餓，而無人在意。」

---

16 譯註：伊萬·伊里奇（1926-2002），奧地利哲學家，政治生態學思想家和工業社會的重要批判者。

　因此，重新尋獲的與自然合一，並不足以消除對人類共同體的緬懷。在最後幾回的〈漫步〉中，我們可以察覺到一種搖擺不定的狀態，介於針對建立在撤退上的美好也許有點勉強、有點「刻意的」重申**與**一種欠缺的感受，一種儘管不是針對失去的社會生活而是針對某種可能的共同體的緬懷，但依然是對一種帶有烏托邦色彩的共同體的緬懷。因此，在同一段話中，敘述者將寫道：「如果我喜歡孤獨，有什麼好大驚小怪的呢？在人的臉上，我只看到敵意，而大自然總是對著我微笑。**然而，我得承認，我仍然感覺到**〔作者註：黑體由我所加，旨在強調〕活在人群中的樂趣，只要他們不認得我這張臉。」並且，稍早一點，他說明了在他看來，完美共同體的面貌，我們或可說是一個**烏托邦化的**共同體（communauté *utopisée*）：節慶中的人民（le peuple en fête）。這個已經在《懺悔錄》中多次出現的概念性意象（image-concept），在此，在《遐想》中，就**在最後時刻**以引人注目的方式再次出現，並且如我們所說的，這並非巧合：「還有一種快樂，比起眼見**全體人民**（一種也同時重新動用到《社會契約論》（*Du Contract Social*）的表述方式）在節慶的日子裡陶醉在歡愉中的快樂，以及眼見每一顆心綻放在那種越過了生活的陰影、雖然稍縱即逝但卻生猛有力的愉悅所散發出的光芒中的快樂，更甜蜜的嗎？」並且，稍後他又說道：「在人民的節慶中，看到開心的面孔（的快

樂），總是讓我非常嚮往。」

　　人民的節慶（la fête du peuple）在這裡顯現為在社會生活的慣常時間方面——「生活的陰影」（les nuages de la vie）——斷然及光彩的中斷。這是一個在社會狀況（conditions du social）上必然短暫的改觀（transfiguration）時刻：在主體間相互展露（l'entre-exposition des sujets）上起引導作用的，不再是嫉妒、陰謀和惡毒；同時，現在是心靈的綻放和歡樂的湧現將他們聚集起來。從這個意義上說，共同體是聚集在一起的人民（le peuple rassemblé），一個無外側邊緣的人民（un peuple sans bord extérieur），一個在場的和有強度的人民（un peuple de la présence et de l'intensité）——再一次，《社會契約論》在這裡迸出了它最後的光芒。

　　在1967年一篇題為〈他異空間〉（"Des espaces autres"）的文本中，我們可以這麼說，傅柯在一種清楚帶有實驗性的模式下提出並測試了異托邦的概念。他指出，我們並非生活「在一個同質並且空的空間中（同時也對班雅明致意），[17]而是相反地生活在一個充滿了性質（qualités）的空間中，一個或許也被幻影（fantasme）所糾纏的空間。」這個如此被居住、被強化空間的特點是被某個內部（un dedans）和某個外部（un dehors）之間的多重張力穿透。他說，這是一個趨

---

17 譯註：班雅明對於線性時間觀提出了類似看法。

於**自我異質化**（s'hétérogénéiser）的空間：我們生活在其中的空間是「經由它，我們被吸引到我們本身之外的空間，確切地說，是在其中我們的生命、我們的時間及我們的歷史的腐蝕（érosion）發生的空間，這個折磨著我們並讓我們歷盡滄桑的空間本身也是一個異質的空間。」在我看來，這個過程與《遐想》的敘述者所見證的內容頗為吻合。傅柯補充說，在這個空間異質化的過程中，一些**地點間的關係**（relations d'emplacements）形成了，這是介於一些相互不可化約、不可重疊、然而「相互聯繫的」地點之間的一些關係。在這裡，「內部」和「外部」的重要性是一清二楚的：街道很明顯是一個「外部」；臥室同樣也很明顯是一個「內部」等等。

在這些地點中，烏托邦占據了一個非常特殊的位置：它們是一些無真實地方的地點（emplacements sans lieu réel）。但這並不妨礙它們跟「社會的真實空間」維持著的「一種直接類比或反向類比的一般關係」。然後，存在著——這是這個文本的核心假設——這些異托邦，傅柯告訴我們，「世界上大概沒有一個文化不建構『它們』。」

那麼，將異托邦與烏托邦區分開來的特徵是什麼呢？那就是異托邦是一個真實的、實際的地方，但它會被拿出來當成一種反地點、一個爭議、顛倒的地方，非外在於文化場域、是可確定位置的，但同一時間卻又是絕對他異的

（absolument autre）。因此，與我們生活在其中的空間相較，這是一個肩負了爭議任務的地方。

在我看來，這個定義與盧梭在《遐想》中建構的島嶼範式相當吻合：一個不僅是另外的地方，而且是一個爭議的地方，一個可用來對抗宰制地點的地方，一個完全可確定位置但同時它在地形上的地位（statut topographique）又與宰制地點有別的地方——作為一個位於人類生活邊緣引起爭議的地方；並且也是一個像鏡子一樣的地方，呈現出一幅顛倒的社會圖像。一個由此開始可以讓社會生活基礎陷入危機的地方。最後，還是一個這樣的地方，它的隔絕狀態隔開了一些普通的地點，這在最強烈的意義上體現了它的他性狀態（condition d'altérité）——傅柯指出，異托邦「以一個開放及封閉的系統為條件，這個系統同時隔絕了它們，也讓它們是可穿透的。一般來說，一個異托邦不是任何人皆可隨意進出的。」

這個雙重狀態——既有偏離（excentrement），並且儘管如此也有通透性（perméabilité）（可以乘船到達）——正是使聖皮耶島成為某種撤退**與**某種相互作用（interaction）的地方：這種地點遠非社會生活的**遺忘地點**，遠非一些主體從中抽身之處的**遺忘地點**，它成為由此開始將對宰制地點展開批判的基地。不是一種「補償的異托邦」（«hétérotopie de compensation»），像是傅柯所說的妓院、美國的汽車旅館，

或者我們可以再加上，遠東國家的**愛情賓館**（love hotels），
而毋寧是一種**重建的異托邦**（hétérotopie de reconstruction）：
這種*Kehre*——轉折——形式的重生，將允許主體回到文
明——但是一個已經有所轉化的主體，我們可以這麼說，一
個對文明的毒藥免疫、對其誘惑打了疫苗、並且永遠相信除
了跟自己否則不再需要建立共同體的主體：「只有當我獨自
生活時，我才是我的；除此之外，我是我周圍所有人的玩
物。」[18]

---

18 譯註：語出盧梭《遐想》之〈第九回漫步〉。

一座島嶼……（一個
遺世獨立的世界）

| 陳韋勳・譯

　　因為一些顯而易見的原因，戰爭電影與其說是一種電影
藝術，還不如說更接近工業式的電影製造或電影生產。尤其
當這些電影的視域直接而明白地帶著政令宣傳意味時、以一
股偉大愛國理想來作為普羅觀眾總動員的關鍵要素時，這一
點就更加確定了。在第二次世界大戰期間，這些由好萊塢發
明及推廣的成熟類型電影都屬於美國戰爭投入的一部分，就
跟美國動員汽車工業（例如福特汽車等）的方式如出一轍。
戰爭電影歌頌著英雄事蹟以及「我們的弟兄」在東亞、在太
平洋、還有稍後在歐洲的陸海空的英勇犧牲，這些電影當時
就像在生產線上被源源不絕地生產出來。在那個時候，好萊
塢就是一座如洪水般席捲全美國的「工廠」，它那些描述並
重演當下戰爭的敘事和影像從一開始就不曾停歇，也不曾改
變，而這一切的起點是——珍珠港事變。為此，好萊塢投入
最好的製作團隊、最知名的電影導演、演員、配樂和其他成
千上萬的成員、鉅額資金，還有最後但並非最無關緊要的，

跟軍隊沆瀣一氣。軍隊提供船隻、飛機、軍服、人力,好讓各種類型的戰役都能重演——不論海上、海下、空戰、叢林戰,還是熱帶小島的冒險登陸等。

因為政令宣傳的目標加上重心都放在解決技術問題上(要重演一場幾千名戰士參與的戰役怎麼可能容易),原則上這些電影的藝術價值都非常低落。有趣的是,這個為二次世界大戰而生的戰爭電影類型卻沒有在戰後消聲匿跡——而是相反地,到了戰後,敘事相對戰時不再那麼簡化、不再那麼公然帶著宣傳性質時,戰爭,尤其是位於太平洋與東亞的那些,成為取之不盡的素材來源。

當戰事正酣而結果未明時,那些處理戰爭的電影就在必須取勝的全面戰爭與死敵(日本人)作為一種次等人類的類比之間,建立起密不可分的連結——比野蠻人還不如的次等人類,以宣傳影像辭令來說,就是一隻猴子。這種將日本人視為一個物種的動物化,打開了兇殘戰爭形式的大門(從對敗戰士兵的滅絕到廣島、長崎核爆)。而戰後電影必須修正這種敘事,特別在日本成為美國的從屬國、附庸國以及同盟以後。

在結束這段序言之前,我必須補充戰爭電影如今已經變得更加複雜。隨著各形各色的新設備與新技術誕生(彩色、特效、杜比音效等),以所謂普羅大眾為導向的典型娛樂電影也被超暴力、噪音、狂暴的可疑魅力所俘虜,許多作品中

充滿著狂妄自大（像是《偷襲珍珠港》〔*Tora! Tora! Tora!* 1970〕、《太陽帝國》〔*Empire of the Sun,* 1987〕、《珍珠港》〔*Pearl Harbor,* 2001〕、《男人們的大和》〔*Yamato,* 2005〕、《金陵十三釵》〔*The Flowers of War,* 2011〕之類的）。

異質空間[1]

　　在進到我的主題之前，我還必須先談談二戰相關戰爭電影的一些普遍特徵。我會聚焦在專屬於「在太平洋上的二戰電影」的這一類，他們都被歸類在「一般大眾」或甚至「商業」電影——從另一個角度來說，跟我在序言提到的那些完全不同，甚至形成強烈對比。這些電影所「特寫」的是戰爭電影一個完全不同以往的層面：它具有想像的力量，也就是

1　譯註：原文為Other Spaces（*Des Espaces Autres*），是傅柯闡述、指涉異托邦（heterotopia）概念的關鍵術語。傅柯的異托邦相關學說最早翻譯、引進臺灣或可追溯至1988年國立臺灣大學建築與城鄉研究所的夏鑄九教授主編之《空間的文化形式與社會理論讀本》，當時heterotopia譯為「差異地點」。其中傅柯的"Of Other Spaces"一文最初由陳志梧譯為〈不同空間的正文與上下文（脈絡）〉，後來由王志弘改譯為〈論他異空間〉、〈論異類空間〉，heterotopia則改譯為「異質地方」或「異質空間」。關於heterotopia在臺灣數十年間有趣的翻譯系譜學，請見王志弘，〈傅柯Heterotopia翻譯考〉，《地理研究》65期（臺北：國立師範大學地理學系，2016.11），頁75-106。在本文脈絡中，heterotopia共通並對比於烏托邦，故採異托邦之譯名，而other spaces則以其理論內涵意譯為異質空間。

它將觀眾帶離慣常戰爭地景的能力，將觀眾從交火、極端痛苦、超暴力、恐怖、廢墟及大屠殺之類的戰爭地景，移置到像是「保護區」一般的異質空間，在這個出乎意料的停火區，肆虐的戰火就彷彿被懸置了一般。

這個雙方死敵近身接觸，而敵意卻被某種神奇咒語阻斷的大選之地，就是我將在大部分電影當中分析的・小島——在浩瀚無垠的太平洋上一座無人知曉的小島，「無人知曉」、或說承蒙天選而「被遺忘」的邊荒島嶼。正是因為這麼一小片牢靠的土地，才能讓各形各色的想像投射其中。從想像的角度來看，電影藝術中的「小島」讓我們注意到小島這個非常迷人的性質：它既可以是烏托邦或烏托邦式敘事得以成立的基礎，也可以是傅柯所謂的異托邦（heterotopia）——一個異質空間（*un espace autre*, "a space-other"），[2] 而不只是「另一個空間（another space）」。

一如傅柯所強調，烏托邦跟異托邦不只是「不一樣」，而是特別在這一點形成對比：烏托邦是想像的果實，它沒有真正的、可抵達的地點；相反地，異托邦真實存在，它是一個能被命名、被造訪、被居住其中的空間或是地點（emplacement）。傅柯順帶提到各式各樣的異托邦：一艘

2　傅柯〈異質空間〉一文刊載於期刊《建築　運動　連續性》（*Architecture Mouvement Continuité*, 1984[1967]），頁46-49。

船、一座花園、一家妓院或一座閣樓等，一旦我們從熟悉的地方移動到這些「異質」空間時，它們能讓我們「抽離」於自身，只要它們能夠將我們從規範著日常生活的「正常」空間中撕扯開來，這些空間就可以成為或被視為異托邦。而儘管有這些差異，在烏托邦與異托邦之間所共通的是，它們與想像力獨一無二的連結。

總結來說，不論從烏托邦或異托邦的角度，小島都是想像的重要支柱。

正是這一點，我希望透過一些跟小島這個主題／地點有關的「反戰爭敘事」電影，或者說戰爭的異質敘事（un récit-autre），來再進一步反思。一個戰爭的「另類」敘事有別於以恐怖與死亡為標誌的標準戰爭敘事，德勒茲稱之為一條「逃逸路線」或「迴避路線」（une ligne de fuite）──它充滿、浸透著反思與（觀眾的）情感。

所以，讓我以這兩部我個人有特殊偏好的電影開始，儘管我知道它們算不上什麼藝術大作，只是還不賴的好萊塢電影：約翰・休斯頓（John Huston）執導的《荒島仙窟日月情（另譯：明情）》（*Heaven Knows, Mr. Allison*, 1967）、約翰・鮑曼（John Boorman）執導的《決鬥太平洋》（*Hell in the Pacific*, 1968）。這兩部都是「明星」電影，由一些知名演員擔綱演出，像前者的勞勃・米契（Robert Mitchum）和黛博拉・蔻兒（Deborah Kerr），後者的李・馬文（Lee

Marvin）、三船敏郎——但這兩部電影也遠遠不僅止於此，而這也正是我想要詳加說明之處。

首先，讓我們注意他們各別的拍攝時間——1957 和 1968 年。分別距離終戰十年和一個世代遠——正是時候開始從創傷事件、從戰時最初年代的「我們為何而戰」電影抽離出來，但還不夠久遠到足以讓人們從事件完全抽離——這正是讓休斯頓與鮑曼兩位導演搬演一種諷刺性的「反敘事」的理想距離。

休斯頓的《荒島仙窟日月情》是一部典型的魯賓遜式電影，我指的是以丹尼爾·笛福（Daniel Defoe）那本著名小說《魯賓遜漂流記》（*Robinson Crusoe*, 1719）情節為本的變體。這部電影以一個完美地幾近不真實的版本隱約但持續地重演著笛福的故事，只是被移植到二戰期間的太平洋上：在一次船難之後，驍勇善戰的海軍陸戰隊員艾里森擱淺在一個田園牧歌式的小島，舉目望去，他似乎是唯一的倖存者。在小島上，他不必跟日本駐軍生死交戰，而是遇上一位年輕貌美的美國修女，她同團的修女與牧師都被已經離開小島的日本部隊殺害，只剩下她一人倖存。艾里森與修女很快地意識到島上別無他人，而且他們置身於隨時會回到島上的死敵之威脅中。

導演休斯頓的敘事能力與才華表現在保持什麼都沒有發生。在這個「令人期待」的開場以後，觀眾所期待即將發生

或應該要發生的「回歸原始」（叢林！）、伍茲塔克風格
（Woodstock's style）的自由愛情並沒有發生，反而看到的是
表現出兩個角色道德價值的自制與節制，這正是這個敘事反
覆強調之處。

異托邦的共同體

　　以其形式與張力而言，這部電影是一部以一般大眾為導
向而描繪的烏托邦故事。這座小島當然是憑空想像的，並且
包含了好些傳統符號——美妙的沙灘、椰子樹、噴泉、森林
深處的隱藏洞穴等。真正重要的是，小島在戰爭的普遍脈絡
中作為一個「遺世獨立的世界（a world apart）」、一個微
型地景、一個在戰爭毀滅性地景中奇蹟似地留存下來的庇護
所。一如法國哲學家謝黑（René Schérer）所說，烏托邦是
epoché（懸置）——
古希臘語中的中
斷、擾斷之意。[3]
他認為烏托邦主義
者，作為一種懸
置，是被一個外在
問題所喚醒，也就

●遺世獨立的小島意象（Pixabay圖庫提供）

3　見謝黑《遊牧烏托邦》（*Utopies nomads*, 2009）。

一座島嶼……（一個遺世獨立的世界）

是被一個歷史情境所喚醒：是外在的「暴力」喚醒想像界（l'imaginaire）。

對我來說，這個對烏托邦的看法完美地捕捉到這部電影的精神：這座艾里森跟安潔拉修女相遇的小島，就是在戰爭「汪洋」中的一處綠洲。這是一處救贖之地，不只是就倖存者（船難、屠殺等）在此各自的角度而言，更重要的是，他們在這裡建立起了人類共同體，並且從普遍戰爭災難浩劫中「保存」、拯救了人性文明與價值。

在這個微型社會中，兩位主角因為成功抵抗變成「解放的禽獸」的誘惑，而從末日（戰爭）中「拯救」了整個人性。艾里森，這可憐的惡徒，自然愛上了安潔拉修女。艾里森不是天生的紳士，相反地，他是孤兒出身並在少年感化院長大、隨後在海軍嚴苛訓練中「轉大人」的叛逆孩子。但是他循規蹈矩，因為尊敬安潔拉修女而對其平等相待，他將這座小島變成一處庇護所、一座殿堂，在這裡文明生活的基本價值得以被保存下來──別忘了，這是在一個種族滅絕戰爭的脈絡中、一個野蠻之門敞開的時代。

更準確地說，這座小島變成某種戰爭洪流席捲地球時的諾亞方舟，使兩位民主世界的倖存者得以逃出生天：一個男人與一個女人，分別代表兩種權勢機構（軍隊與教會），在此正面對峙。他們兩人都必須付出努力才能理解並接納對方的立場、對現況的觀點、他／她的「理性」、他／她之間的

差異。只有這樣認可對方差異的努力、或說這個形式的認可，才能使他們脆弱的「天堂」不至於變成地獄。在此，相互尊重與平等正是人性連結的核心。他們對話、爭論，在許多事情上互不同意，但武力與暴力從未取代溝通與包容。自我控制，或社會學家伊里亞斯（Norbert Elias）所謂對慾望與激情的「自我克制（self-constraint）」，[4] 是唯一可能的「屏障」，避免這些倖存者再次墮入霍布斯式（Thomas Hobbes）（而不是盧梭式）的「自然狀態」。[5]

當然，這只是一則寓言故事或某種大人的童話故事。這是一個想像的戲法（game），但想像力並不意味著逃避現

---

4 見伊里亞斯《文明、權利與知識》（*On Civilization, Power and Knowledge*, 1998）。

5 譯註：「自然狀態」是近代西方啟蒙運動者，諸如康德（Immanuel Kant）、洛克（John Locke），以及本文提及的霍布斯、盧梭等，用以討論未有國家法律與社會契約之基礎狀態的術語。霍布斯在《利維坦》（*Leviathan*）一書中提出自然狀態即是永久的戰爭狀態，每一個人皆視他者為狼，人際間沒有互信，而是永無寧日的不安、相互侵犯、相互提防，因此國家組織的成形，是文明的起點。相對來說，本文引為對比的盧梭式自然狀態與霍布斯恰恰相反，盧梭認為自然狀態與國家／社會契約狀態並非對立，而是一個具連續性的墮落過程。盧梭式的自然狀態（「人生而自由」）其威脅並非來自內部、人類之間，而是外在的環境風險，因而人們必須限縮自由、締結社會契約以度過威脅。而對他而言，人的社會化，意味著本性的喪失、異化與破壞的動能。要特別注意的是，盧梭並非單純的懷古主義者，而是認為國家／社會契約中的權力關係，只是過去自然狀態暴力的合法化形式。

實，而是恰恰相反，這個能力讓我們得以另闢蹊徑以逃離
「已成定局」的殘酷（tyranny）——在這個脈絡下，就是作
為去文明化的戰爭。這是一個跟「不可能」討價還價的戲
法，因為，顯而易見地，電影所描述的情境就已經相當不實
際。但這並不要緊，真正重要的是電影敘事的「力量」，它
是一種反敘事、一種「抵抗的敘事」（這個概念援引自傅柯
的「抵抗的行動」），它最平常的形式就帶有一種「擾動
（thwart, contrarier）」已成定局之現實的能力（現在我則是
從洪席耶（Jacques Rancière）那兒借來「擾動（contrariété）」[6]
這個概念。

在這裡值得論辯的是什麼？一如「寫實」戰爭電影所描
述，戰爭最一般的現實是由戰鬥、痛苦、極端暴力、戰敗、
勝利、罪惡、殘酷等所構成的。當人們看大部分關於太平洋
戰爭的電影時，人們被龐大的這一切衝擊、壓迫得喘不過
氣——海上、海下、空中、陸地的戰鬥，難以計數的潛艇、
戰機、士兵，唯妙唯肖的寫實戰鬥等。就這個角度而言，戰
爭電影是過去事件、歷史的俘虜，也就是持續致力於以真實
戰爭「機器」、權力、人物等為對象的模仿遊戲。

《荒島仙窟日月情》這類電影的想像力「戲法」——透
過想像一條逃逸路線、發明另一個「戰爭的當下」、另一個

6　見洪席耶《電影寓言》（*La fable cinématographique*, 2001）。

可能或不可能的戰爭經驗——是由曲解、擾動戰爭的壓迫性現實所構成。電影所發明的，顯而易見，是一個「世界」（一個微縮宇宙和一個敘事「領域〔realm〕」），這個世界是「虛構的」，但仍然能夠以寓言或童話的樣貌成形。這個「操作」的目標是「拯救」我們於——這麼說吧，世界末日。這是我們的世界來到最終生死存亡關頭時，一個從天而降的逃生出口。

　　這個寓言所提出的是，以想像與敘述的力量為基礎的岔路的概念，這個概念抵抗著一種普遍流傳的想法——在全面戰爭的極端情況下，不論是對當下、感受、行為、行動的任何思考，任何人都別無他法（there is no alternative）。只有想像力能讓人們堅守住這個信念，也就是，在全面戰爭的情況與規則下對任何人類生命形式的框限，都不能被視為道德戒律。在這部電影中對「小島」烏托邦／異托邦式的運用讓一種敘事得以成立，這個敘事的前提就是：儘管一切如此（那些圍繞著我們的廢墟與荒蕪景觀），但「另外一個世界」必須存在，這就是這部電影所精心展示的。

　　在這裡，想像力將我們從戰爭狀態的殘酷解放出來。電影的魔力展現在一小片時間碎片（大約 90 分鐘）中的創造力。另一個世界，以敘事表現性來說，比起所謂真實世界還要更真。艾里森與安潔拉修女在他們的荒蕪小島上建立起來的生命共同體，比那些以血腥戰鬥與大屠殺命名的野蠻現

實——關島、萊特島、塞班島、沖繩等——還要來得更真實可靠（就人性價值與道義而言）。

什麼是現實

　　我們在此要面對哲學家鄂蘭曾經提醒我們注意的一個哲學問題：無庸置疑地，我們必須首先對現實、對其中的諸多「事實」如實以對。即便現實展現出它無比醜陋、令人作嘔的一面，我們都必須承認它。換句話說，我們永遠都不應該耽溺於竄改或瓦解事實，尤其是那令我們恐懼的、那使我們質疑我們的想像力只是單純個人意見的歷史事實。我們必須面對現實，即便那好比直視梅杜莎的臉龐（奧許維茲、廣島等）。

　　然而，於此同時，我們也必須謹記一個想法，也就是現實作為不可否認事實之集合並不等同於真實的全部，或者換句話說，事實的真相並不等於真實的全部。我們必須提倡一個更基進的真實概念：我們必須承認現實，但絕不降服於它，為此，我們必須時常抵抗、反對某一些將現實視作「事物的真實本質、世界的真實本質」的見解。

7　見鄂蘭《過去與未來之間》（*Between Past and Future,* 1961）。（譯註：中文譯本見李雨鍾、李威撰、黃雯君譯，《過去與未來之間：政治思考的八場習練》，臺北：商周，2021。）

　　如果我們認為現實是我們必須無條件適應與接受的，我們就會傾向於認定在全面戰爭的時刻（太平洋戰爭）唯一通行的準則就是暴力、對敵人的憎恨、不計代價的勝利、以及天佑我族等。我們就會成為全面戰爭下純粹而簡單的物件，在例外狀態與尋求生存的情況下，為求適應而放棄一切倫理原則的道德與政治夢遊症者。如此一來，我們就成為全面戰爭的道德人質，這也是當時捲入戰爭的大部分美國與日本士兵的狀態（不妨一讀諾曼・梅勒（Norman Mailer）的那部戰爭小說《裸者與死者》）。[8] 但是想像力，敘事能力或敘事裝置（也就是拍電影本身）所「夾帶」著的想像力，它能幫助我們鬆動戰爭這副殘酷現實的枷鎖，帶來另一種對真實的見解，讓我們能夠與戰爭作為當代人絕對宿命的當下產生分歧。

　　我們人類言說的真實「權利」終將戰勝現實的殘酷，這一點至關重要。我們不只可以堅持忠於其他價值與準則，也可以堅持「說故事」與想像故事來突破戰爭殘酷境況對我們的包圍。這正是休斯頓的電影所成就的，他以一種帶點諷刺而疏離的方式（這部電影並不是「教」我們一堂哲學課之類的），表現出太平洋上的滅世戰爭另外一種、完全意想不到

8　見梅勒《裸者與死者》（*The Naked and the Dead*, 1948）。

的面向。作為「沒有主體的過程」,[9] 休斯頓或他的電影發明並刻畫了另一個可能的(更適宜人居的)現實,它重新找回人性、文明生活,也就是找回一個適宜人居的共同世界想像。

但是我們必須注意,為了要從這個令人窒息的現實中逃離到「真正的生活」,我們需要想像力的強力支援。我們需要將自己從奴役著我們的現實中撕扯出來,這個將我們自己從殘酷現實中解放的努力,必須要有想像力作為後盾。小島(以一個烏托邦的角度來看,或異托邦也好,這不是這裡的重點)就是想像的素材、就是這個實驗的佈景道具。

這個「遺世而獨立的世界」體現了一個偉大電影導演的能耐,他以藝術的真實(與力量)對抗戰爭對人類文明的毀滅性效果。但當然,這個世界是脆弱而易碎的。我們必須接受兩個被遺落在小島上的普通人被賦予將人類從戰爭禍害中「拯救」出來的使命。就像我前面說過的,這是一個童話,而我們身為觀眾,必須下一個風險巨大的賭注(一個哲學與道德的賭注),[10] 賭這種非常不可能的轉向,在某種狀況下,不只是在休斯頓電影那樣的「夢」中,而是在現實中真

---

9 見阿圖塞(Louis Althusser)及巴里巴(Étienne Balibar)等人所著之《閱讀資本論》(*Reading Capital*, 1968)。

10 見巴斯卡(Blaise Pascal)著作《思想錄》(*Pensées*, 2005[1670])。

的發生。譬如說,市川崑的電影《緬甸的豎琴》（*The Burmese Harp*, 1956）中的那個美好場景是,敵對士兵在前往泰國邊境的緬甸村莊中,開始相互合唱起來,而不是展開戰鬥。但當然,這又是一部電影。

約翰‧鮑曼（《希望與榮耀》〔*Hope and Glory*, 1987〕、《神劍》〔*Excalibur*, 1981〕、《激流四勇士》〔*Deliverance*, 1972〕等）也是一位非常聰明而機靈的電影人,並也是從《決鬥太平洋》（1968）這部電影中「再次覺醒」（他對太平洋戰爭的集體電影敘事建構做出原創又諷刺的貢獻）。作品中有西方經典的角色或敘事:同樣是笛福的《魯賓遜漂流記》,還有加上黑格爾（Georg W. F. Hegel）的「必然性」[11]——主僕之間的「死鬥」。在鮑曼對太平洋戰爭相當簡單扼要的建構中,他構思兩個敵對陣營的軍人,一位美國海軍士兵跟一位日本軍官,流落到太平洋上的一個偏遠小島。想當然耳,一開始先是一段死鬥:先落腳到島上並且設法生存下來的日本人,將入侵到他「王國」的不速之客美國人視為生命威脅:他拒絕給這個幾乎渴死的難民半滴水。他們毫無共通之處,沒有共同語言,彼此只想盡可能離對方遠

---

11 見黑格爾《精神現象學》（*The Phenomenology of Spirit*, 1977[1807]）。（譯註:近作中譯本見先剛譯,《精神現象學》,臺北:五南,2019。）

點，然後試著贏過對方，使對方成為自己的下屬或奴隸。這就是他們成為彼此奴隸的方式，然後假以時日，情況又再翻轉。

　　但鮑曼的用意並不是要以兩名流落小島士兵之間對峙的微縮尺度來描繪全面戰爭的情況。他的想像力所欲描繪出的是一個哲學寓言故事，一如休斯頓的電影：在他們關係的辯證過程中，兩個倖存者必須從公開的敵對與相互暴力，過渡到某種同伴關係，不只是基於共同利益，且還是一種非常特別的友誼──儘管聽不懂對方的語言，但仍然能從中理解一些什麼（情境、肢體語言等）。他們憑著耐心與毅力，設法打造了一艘竹筏並且駛向一座較大的島，然而那裡才剛發生一場日軍與美軍的血腥戰役。

　　鮑曼的故事既烏托邦但又悲觀──電影最後是個黑暗而且諷刺的結尾。小島是反戰敘事的理想地點，也是對戰爭以及太平洋作為野蠻集合體的反制敘事：美國人沒有割下死敵的耳朵作為戰利品（在太平洋大型戰役中，美國海軍士兵通常都這麼做──見約翰・道爾〔John W. Dower〕《無情的戰爭》），[12] 日本軍官也沒有一如往常地斬首他的戰俘。相反地，他們並肩面對他們的匱乏境況，並建立起某種基本的共同體，完全就像在《荒島仙窟日月情》中所發生的一樣。

───────────────

12 道爾《無情的戰爭》（ *War Without Mercy*, 1986 ）。

　　這就是鮑曼這部電影的政治視域，我們要記得這是一部
1968年拍攝的電影。這是越戰的時代，也就是美國大批年輕
人開始反對他們自己的「幻夢」，並且以他們的想像力抵抗
著美國在東南亞展開野蠻戰爭的時代。正是這個時代，在西
方，我這個世代人會在大學校園牆上掛起像是「想像的力
量！」這樣的口號布條——仔細一想，其實是非常模稜兩可
的宣示，但在當時，這與我們對任何形式的帝國主義戰爭的
敵意密不可分、與我們對任何形式的新殖民主義或西方帝國
主義野心的對抗精神密不可分——而鮑曼的電影正完美地呼
應這股感受。這是一部「手足相親」的電影，不只是在敵人
之間，在「種族」之間也是如此，也就是並非全人類都理應
站在根據西方中心主義「文明」所定義的相同立足點。這部
電影就是當時啟發著我們的那些思想——國際主義、世界主
義——的大眾易讀本。

工業藝術與批判

　　想像力在這裡，一如休斯頓的電影，再一次促使一個藝
術家重新發明戰爭——「竄改」、「以假亂真」好讓人們可
以將戰爭電影轉成一部反戰宣言。這個故事、或者說這個敘
述操作需要一種支援，在這裡則是一種空間性的支援——又
是小島。小島是一個既實際存在、具有物質性（沙子、棕櫚
樹、湧泉、岩石之類的），又純然想像性的東西——這些電

影中的小島都是無名之地,也不存在任何地圖上。它們只是沒有任何本質性質(ontological density)的「圖像」,但相對地,卻飽含表達性質(expressive density)。從這個角度來說,它們可以說是非常「德勒茲式」的——趨近於「概念」的圖像。因此,儘管有些挑戰傅柯對烏托邦與異托邦的對比,但我仍堅持這個矛盾:這些電影中的「小島」同時是烏托邦(「不存在的某小島〔nowhere-island〕」),也是異托邦(一個可見的地點、一個電影拍攝的「真實」小島,也就是一個異質空間)。

當然,永遠可以有其他詮釋的可能。但我們在這裡討論的是,藝術的批判性功能如何滲透到一個被電影工業繁文縟節所匡限的作品中,在這個意義上,也就是關於一個藝術家如何成功讓一個商品「感染」上「批判性」[13]的細菌。就是這個方法,使得依電影工業標準形塑出的作品,因為創作者的才能與批判「毒素」的灌注,而被某種程度的扭轉並遠離原來的純粹商業導向。

但是,想當然耳,人們總是可以反對這樣的說法,並且宣稱「工業終將獲勝」,而我這樣專注於這些電影所展現的

---

13 我指涉的是傅柯在許多文章中稱之為「批判態度(l'attitude critique)」的概念,特別是與康德有關的論歷史文章,包括〈何謂批判?批判與啟蒙〉("Qu'est-ce que la critique?" 1978)、〈何謂啟蒙?〉("Qu'est-ce que les Lumières?" 1984)。

「想像力」的詮釋，總是倚賴某些知識分子滿懷理想的投射。人們也完全可以這麼說：《決鬥太平洋》是一部有投機色彩的電影，因為當時位於沖繩的美軍基地讓B-52轟炸機得以轟炸北越，因此這部電影被用來讚頌美國與日本之間的新夥伴關係。它找來好萊塢與日本電影界的兩個巨星，李·馬文與三船敏郎，好讓大眾嚥得下這碗隱含潛在政治訊息的苦藥。

這個（相較於我的）比較冷酷的詮釋也是完全行得通的。談到《荒島仙窟日月情》，人們也可以認為這部電影好像是對性壓抑與社會保守主義的呼喚，一個清教徒式、甚至新維多利亞式的烏托邦小島。

這個對休斯頓的電影的「閱讀」也是相當合理的——但這並不是真正重要的，因為我試著論證的是，一個電影人只要讓他的藝術想像力奔馳，就能創造出一幅從戰爭世界核心浮現出的圖像，這幅圖像公然挑戰對於戰爭的既定印象。一如法國哲學家莫杭（Edgar Morin）在他的經典作品《電影或想像之人》[14] 中強調的，電影，作為一種總是仰賴精密技術設備的「整體」藝術，具有一種啟發與捕捉人類想像力的獨特能力。在這兩部影片中，電影並不把自己當作純粹娛樂或

14 見莫杭《電影或想像之人》（*Le cinéma ou l'homme imaginaire*, 1978 [1956]）。

一座島嶼……（一個遺世獨立的世界）

是輕佻美夢的「美夢製造機」。它讓可能的異質世界從全面戰爭這個最消沉、最黑暗的現實中浮現,它讓一個有明確差異的虛構世界湧現:這個世界的地平線不是破壞、死鬥、勝利、征服等,而是平等、共同體,以及手足之情。

從這個異質世界被一部電影描繪出來以後,它(這個異質世界)就已經不再只是一個「夢」、一個純粹的想像、或一個不實際的幻想。從這一刻起,它就開始轉化成各種姿態、行為,以及觀眾的信念。這些觀眾是市民、工人、底層人民,還有所有關注當下並以他們的行為與行動貫徹於當下之中的人們。構成社會的,或說組成一部分社會的人民,只要把他們的印記烙印在這個當下,就具有真正的(實際的)力量來描繪出另一個世界(或者說另外的諸多世界,都可以)。因此,電影的想像力量必須被考慮的是其發明與生成(becoming, le devenir)的層面,而不盡然是逃離現實的面向(好像現實總是陰暗或殘酷的)。從這個角度來說,我在此討論的那些電影,首先就不是用來幫助我們全盤接受那無處可逃、無法克服的當下境況的「娛樂」。它們是「激化器(intensifier)」,激發我們變成他者(become the other, devenir-autre)的能力與慾望的激化器,讓我們不再是我們,讓當下不再「照著原樣」——沉重、黏稠而專斷——從一個靜止的觀點轉變成動態活躍的觀點。

且讓我順帶一提,這兩部電影也反映出我們常用的「商

業電影」與「藝術電影」或「作者電影」的這個區分，不應該不經考慮就全盤接受。在這些電影中，時不時就有一些引人注意的特徵浮現，使其出脫於商業電影或標準類型電影，譬如西部片、武士片、驚悚片、公路電影之類的——這些特徵或特色既像波斯地毯上反覆出現的設計或紋樣（motif），也像具有「實際型態」[15] 的一個概念。休斯頓與鮑曼的這兩部電影，以他們軟性而某種程度上帶點諷刺的方式，用不著對我們說教，只是稍稍改造了異國情調與「冒險」的魅力，就這樣織出了這些紋樣。

想像界與想像力

在法語當中，想像這個詞有兩個不同的單字：imaginaire（想像界）與imagination（想像力）。在談到電影的時候，這兩個單字間的區別就有了非常重要的意義：「想像界」是觀眾，也就是一群異質的人類「群眾」所共有的「整套」圖像與幻想。「想像界」在這個意義上，是集體的、社會性的，是一個由最廣義的圖像與影像所構成的背景。莫杭在我前面說的書中提到的「想像之人」，指向的就是一個與其他社會主體分享無窮圖像的社會主體。

因此，拍電影，一如工業與一門生意，持續地抽取這個

---

15 同註9。

無窮無盡的圖像「貯存」——社會想像,或「諸社會想像
(les imaginaire sociaux)」。[16] 從普遍大眾認為跟這些圖像
相關的集體感受、情感與情緒中,電影工業借來各式各樣的
敘事與情節。作為一個工業(超級大製作、肥皂劇、災難電
影、恐怖片之類的),電影非常倚賴共同感受帶來強化刺激
的效果,而所有這些感受都連結到集體潛意識的圖像。

如果說這些是文化工業的產品,那麼觀眾在這裡「消
費」的,就只是被電影影像強化的、觀眾自己本來的恐懼、
慾望與希望——電影影像激化並最大化了社會主體們共有的
圖像。

至於想像力,法語的相對應單字("l'imagination")則有
一個截然不同的意思:它創造出影像中虛構的部分,也就
是,就像法國哲學家沙特(Jean-Paul Sartre)注意到的,他
稱之為「想像」或是「想像意識(picturing consciousness, *la
conscience imageante*)」的創造性層面。[17] 一如我先前強調,
想像力讓我們得以對某事產生一種直覺,因為「可能」或是
「差異」不會簡單純粹地來自當下,這股直覺不能被簡化或
歸納為當下情境的前提或潛在結果之類的——後者的經典例
子,就是在黑格爾的辯證法中,花苞作為花朵本身的前提。

---

16 見貝次克(Bronisław Baczko)著作《烏托邦之光》(*Lumières de l'utopie*,
   1978)。

17 見沙特《想像心理學》(*L'imaginaire*, 1940)。

想像力讓人們能擁有一種改變方向、一種打開破口、一種區辨的直覺——這些全都以差異、他者性為標誌，而不是講求自我發展。只要這款紋樣還能突然出現在電影當中，那就意味著，作為藝術的電影還沒有被工業跟生意掃地出門。

《勇者無敵》（*None but the Brave*, 1965），如果我沒弄錯，是法蘭克・辛納屈（Frank Sinatra）這個著名歌手、文化生意人、溫和進步分子所執導的唯一一部電影。這算是一部相當令人期待的電影：劇本由美國與日本編劇共同創作——約翰・圖斯特（John Twist）與須崎勝彌。電影也由美日兩國共同製作。

這個故事是關於分屬美國、日本的兩小隊士兵在戰時擱淺在太平洋上的無人島，並且被他們所屬的軍隊放棄、任其自生自滅。我個人的感覺是，克林・伊斯威特（Clint Eastwood）執導的《來自硫磺島的信》（*Letters from Iwo Jima*, 2006）或多或少相當明顯地受這部電影啟發，並從中借鏡許多東西。

這裡的敘事裝置幾乎差不多。在辛納屈的電影中，敘述者是指揮帝國陸軍在島上行動的日本中尉，故事透過寫給他投身軍旅前剛成婚，甚至還沒來得及洞房的妻子的日記展開。這個想當然耳說得一口流利英文（為了電影情節的緣故）的職業軍人，出身自一個傳統貴族家庭、武士階級，但他在這個階級制度中所屬的位置，衝突於他的和平主義感受

以及對這場戰爭的見解。他認為這場荒謬的戰爭終將成為日本的災難,但是作為一名軍人,他卻感到要忠於職責直到那個悲慘結局到來。

而在美國小隊那邊的相對角色是一名,同樣陷入自我良知衝突的上校:他對自己在戰爭爆發時拒絕跟他的未婚妻完婚感到自責——她隨後,就在他投軍的前一天,在馬尼拉死於日軍轟炸。他同樣也是一名職業軍人,是一支隨後被轉移到海軍的菁英小隊的教官。這兩個來自敵對陣營的年輕人命運十分雷同:他們都在生命即將步入成年而情感教育正要起步的階段,就被扔進戰爭的風暴中。

而就像克林‧伊斯威特的電影,這兩位高貴而深謀遠慮的角色,都激烈地對立於他們各自陣營中隨時要與敵人浴血死鬥的狂亂好戰派。

再一次,小島作為一個遺世獨立的世界,一個全然孤立之處。兩邊陣營的通訊線路都被截斷,他們的無線電都無法使用。日本人試著打造船隻,而美國人將之擊沉。一艘美國的驅逐艦出現在海平線上,但船長看到了掛在棕櫚樹上的日本國旗便隨即轉向離開。最後,這些敵人只好展開對話,在這片小小的陸地上,他們必須學習如何共存,並且因此,擾動、否定了戰爭的邏輯。每個派系(陣營)都必須倚賴其他派系:沒有日本人控制的泉水,美國人就無法倖存;而一名受傷的日本士兵需要的醫療資源,只有美國人能夠提供。某

種停戰協議就這樣成形了，兩邊陣營的士兵開始發展出各別聯繫、公平交易（用新鮮的魚來換香菸之類的）——還有，因為這一切產生的，在昨日「死敵」之間不可思議的相互尊重、革命情感，以及友誼。

法蘭克・辛納屈的瓶中信

但這是一部好萊塢電影，而且法蘭克・辛納屈也不是一個無政府主義者或意識形態的叛逃者。所以，必須做出一個敘事上的妥協。電影歌頌了與敵人之間的化敵為友，但相當奇怪地，這一步、這個手勢卻有一個非常明顯的限制：來自各自陣營的士兵，對他們的軍隊、他們的國家、他們的旗幟仍保持絕對的忠誠。一個「不可能的」妥協，也因此，可以預期迎面而來的不會是美好結局。軍隊，作為一個「總體」機構，[18] 需要成員們完全的犧牲奉獻。這一點激烈地衝突於兩個陣營的士兵在小島上所經歷的他們已經發現「他者」的脆弱人性其實就與自己的如出一轍。

到了最後，軍事意識形態還是對這個電影所描繪的友愛小插曲復仇了——「戰爭的現實」反彈而來。

---

18 見高夫曼（Erving Goffman）著作《精神病院》（*Asylums*, 1961）。（譯註：中文譯作見群學翻譯工作室譯，《精神病院：論精神病患與其他被收容者的社會處境》，新北：群學，2012。）

在這部電影上映的時候,這樣子對戰爭的敘述相當新穎且大膽,或許也可以說有點冒險。《勇者無敵》當時在《紐約時報》(*New York Times*)被猛烈批評;華盛頓的《先驅報》(*The Herald*)稱之為反戰電影。但人們仍可以這麼說:這是一部讚頌著美日戰後同盟的投機電影。在電影的結尾,只有一條相當模稜兩可的訊息:「戰爭沒有贏家」——某種世故的「獨立」商店裡面會看到的T-shirt標語。

對於「小島」作為一個想像地形的反思,最重要的是在此建立起「遺世獨立的世界」與戰爭脈絡中「反制行為」的實驗之間的關係:不只是與敵人對話、交易、提供幫助,還有解構敵意,將敵人這個概念變成模糊而轉眼即逝的,並且破壞掉將世界一刀切分成朋友與敵人的觀點。

一如在休斯頓的《荒島仙窟日月情》與鮑曼的《決鬥太平洋》中,小島作為重建被戰爭撕裂的人類共同體最理想的空間(地點)。在《勇者無敵》也是如此,電影人的抱負是通過展示敵人的道德來恢復過往敵人的人性(這是一部堅持著人道主義的電影,有點溫和、討好,一如辛納屈的歌聲風格)。但,首先最重要的是,以一些非常基本的(但在電影領域來說,最有效的)裝置來展示他的「良好形象」,也就是簡單地讓他長得好看而且友善——就像日軍中尉那樣,對比著他的下屬,一個瘋狂的好戰派,臉蛋、舉措都是粗鄙野蠻的「亞洲人」(對西方人來說的)。這個人道主義的電影

人，他的好心腸，想當然耳，是要重新打造昔日死敵的面容——不是一頭準牲畜，而是一位帥氣的東方紳士。

我們要記住，在電影製作領域或是在電影語言中，道德品質永遠都必須被具象化，也就是透過轉化為一副血肉之軀好讓觀眾看得見。這就是為什麼在好萊塢（彩色）電影中，表達、展示、具象化強力道德品質的好人角色，通常都有一對藍眼睛，就像辛納屈那樣（也因此，這種角色很少由亞洲人扮演）。

我們也要記住，像這類的好心腸電影完美地表現出什麼是電影的複寫效果：日本軍官的討喜外表讓其他沒那麼優雅的外表與輪廓都消失了——像那些充斥在無數政令宣傳電影中的那些穿著軍服的兇惡、暴虐日本爪牙，譬如《旭日背後》（*Behind the Rising Sun*, 1943）、《紫心勳章》（*The Purple Heart*, 1944）或《反攻緬甸！》（*Objective Burma!* 1945）。

當然，這部電影當中所涉及的島嶼、其情節、角色，全都是虛構的。但《勇者無敵》是在夏威夷拍成的，也就是一座隸屬美國國土的小島，並且其中許多居民都來自日本。此外，這部電影是非常平衡的共同製作：一部分的團隊來自日本，由日本團隊負責特效、日籍演員扮演日本士兵等等。這部電影的核心訊息就如此展現在拍攝條件本身。這裡有意思的是，電影的「寓言」與其製作物質條件之間的交織——一個道德、政治，與哲學上的「烏托邦」跟非常具體的商業與

工業世界之間的直接相遇。

　　我當然不會預設所有以島嶼作為主要空間的太平洋戰爭電影，都或多或少啟發自烏托邦傾向。反而恰恰相反：大部分這些電影會以「小島」作為他們的場景或背景是因為，這場戰爭的大部分，都是在征服或再次征服各種或大或小的島嶼，有的是因為有重要戰略意義，有的就只是因為這場戰爭的主角剛好要從那兒路過。在大多數這些電影中，「小島」就只有策略用途，用來搬演登陸戰，或是描述在一個崇山峻嶺的島上如何苦戰之類的。這些電影很多甚至直接在片名就展示出「小島」的紋樣——《威克島之戰》（*Wake Island,* 1942）關於太平洋海戰的好萊塢電影濫觴，以及《孤島壯士》（*No Man is an Island,* 1962）——但仍與任何烏托邦啟發沾不上邊。這些只是以一股愛國英雄故事的精神在太平洋重演戰爭，它們並沒有與將這場戰爭看作正義之戰的電影「宏大敘事（grand récit）」拉出距離。

　　在這篇文章中我只專注在西方電影，尤其是好萊塢電影，因為我並不確定烏托邦是一個能夠簡單地旅行，或是移植到其他文化地區的概念。在西方，烏托邦並不是突然憑空出現，而是連結著歷史與文化條件，也特別因為如此，（從湯瑪斯・摩爾〔Sir Thomas More〕開始的）烏托邦的批判功能必須被「定位」才行。這個概念跟各種脈絡與空間密不可分，而且不應該理所當然地認為在東亞文化、東亞電影中必

然存在類似的配置。然而傅柯意義上的異托邦，也就是異質空間，根據我的經驗來說，則當然可以出現在東亞社會，或在那兒找到，但這又是另一個故事了。這幾部好萊塢電影讓我覺得迷人的地方，就在他們回到烏托邦起源的方式，就像哲學家謝黑做的那樣。這是一個為了挑戰當下的暴力，也就是全面戰爭，而訴諸想像力的方法。尋求烏托邦在此是一個反抗的行動，是一個溫和但堅毅的旋律，在災難面前傳遞著堅韌的情感——德國猶太詩人海因里希・海涅（Heinrich Heine）在他的名詩中賦予了這個情感一個寓言的形式：「儘管一切如此（*Trotz alledem*, In Spite of All）」。[19]

在其他專注於「小島」這個空間的太平洋海戰電影中，也能找到一些烏托邦圖像與碎片。而這是一個非常不同的方向。譬如說，《南太平洋》（*South Pacific*, 1958）就是一個相當搞笑的後奧芬巴哈（post-Offenbach）百老匯風格輕歌劇，在裡面太平洋戰爭只是一個遙不可及的背景，襯托著刻板的異國情調跟狂歡主題，某種世故老練而諷刺的東方主義——「小島」作為迷人而神秘的地景，軍事衝突與戰爭恐怖到了那兒都奇蹟似地消失了。而在最偉大的太平洋海戰電影之一，《紅色警戒》（*The Thin Red Line*, 1998）中，烏托

19 見海涅《德國：一個冬天的童話》（*Deutschland. Ein Wintermärchen*, 2006 [1844]）。

邦圖像也突然從一場血戰之後的景色浮現出來——一座和平的原住民村落、一片夢幻沙灘、還有跟小狗玩在一塊兒的小孩。在這裡,烏托邦只是一個在被戰爭摧毀的天堂景色中,一閃即逝的生命符號——標誌著生命會繼續下去,或者說,生命會努力地、耐心地自我再生,儘管一切如此。

本文於2019年12月以英文刊登於
文化研究國際中心網站ICCS

異托邦、共同體、
生命之所在

| 王紹中 · 譯

　　當前的危機濃縮在世界的宜居性（l'habitabilité du monde）危機上。更甚於過往任何時期，我們不知道在哪裡居住、如何居住或跟誰一起居住。根據西方哲學傳統，居住遠遠超過占據一個地方，擁有一棟房子或一個住所，在這兒擺上他的家具，在這兒度過他的時光，在這兒睡覺。居住是在世界中在一個特定的地點確立下來，在那裡找到他的位置，並且界定他跟環境的關係，後者是由其他人類、其他生物，以及多少靜止不動的事物所構成的。居住並不一定意味著在一塊領土（territoire）上安置下來或將其分割，因為領土——作為一種占為己有的空間（espace d'appropriation）——基本上是國家的事。但人類主體，無論他們是誰，要過上像樣的生活，便只能藉由占據空間的方式——藉由居住在一個空間中的方式，無論是透過什麼模式，定居或游牧。一個人可以宣稱自己是「世界公民」，並且用他的一生行遍地球四處移動。然而這仍舊是一種居住在地球上的方式。一個人不

可能完全是無宇宙的（acosmique）、無世界居住的——或者是處於一種連根拔起、失去方向、斷絕聯繫、逐日衰弱的極端狀態中——事實上，這近乎死亡。看看在其島嶼上的魯賓遜：迷失、與世隔絕、孤獨，直到他跟星期五（Friday）[1]的相遇——然而，他居住在此，在他的島嶼上，不然呢！

讓今日有別於過往而另立時代的因素（並且，確切地說，僅就此時代頂著人類世〔Anthropocène〕這個甜美名號的情況而言），是這個星球上無處不見的居住模式危機，層出不窮的威脅甚至危及居住在此的可能性，一個變得不宜居住的星球所帶來的可怕陰影，並且這道陰影不斷徘徊在所有的反烏托邦（dystopies）[2]中……[3]

1　譯註：「星期五」為英國作家丹尼爾‧笛福（1660-1731）小說《魯賓遜漂流記》的一名土著，漂流到荒島的魯賓遜原本孤獨地在荒島上生活，直到解救了星期五後才結束其獨居生活。

2　譯註：反烏托邦是烏托邦的反義語，由希臘語中的dys（壞的）及topos（地方）組合起來所造出的新詞，字面意思是「壞的地方」，用來指稱想像世界所創造出的如噩夢般的社會或狀態，例如英國作家喬治‧歐威爾（George Orwell）所寫的《動物農莊》（*Animal Farm*）和《一九八四》（*Nineteen Eighty-Four*），或美國作家雷‧布萊伯利（Ray Bradbury）所著的《華氏451度》（*Fahrenheit 451*）。

在這方面，我們或許可以談到一個臺灣範式（paradigme）。出生於此的你們無法衡量來自異地的外國人——像來自西歐的我——所感受到的劇烈衝擊。走出機場，發現這片連綿不輟的都市景觀，由大量的混凝土所構成，沿途

● 臺灣美麗山丘上的爛尾樓怪獸（羅惠珍攝）

可見一簇又一簇相互緊挨、20層樓高的建築群，高速公路和多層式交流道的交錯，鐵道沿途襯托著，令人瞠目結舌的巨大高架鋼構道路，不斷穿梭著高鐵的懸空軌道，一些蓋給底層階級並且體積較小的集合住宅，帶著它們斑駁醜陋的外觀及上了鐵窗的窗戶，宛如在監獄中，這幅景觀冷不防地穿插

3　此處所涉及的不僅僅是環境惡化及全球暖化的問題，也是一些不同類別的人和棲居形式（formes d'habitat）之間種種關係的問題：在一個像法國這樣的國家中，流行病讓人明白，將老人集中在專門機構（一些給老人的隔都〔ghettos〕）中的做法是死路一條；在北半球的國家中，那些難民、移民、無家可歸者並不是游牧民族，而是被剝奪居住可能的人；那些散落在大都會周邊的「城」（cités）成為棄置和流放之處；傳統家庭的解體導致家庭跟棲居單位之間的重疊性變得愈來愈模糊，諸如此類。

著幾片帶著一抹鮮綠的稻田，幾處亞熱帶樹林的僅存遺跡，彷彿這一切都在這片土地上隨機滋長，任何都市計畫盡付闕如，只在最肆無忌憚的市場法則或是所有人對抗所有人的鬥爭的驅使下，上演在北起基隆南到屏東的這片橫行無阻或幾乎如此的某種房地產的法外之地……

　　就我而言，我花了十多年的時間，不是去習慣了這場災難，或者更確切地說，是對於這塊土地的宜居性所行使的這種侵犯（我永遠不會習慣，而我對這樣的不習慣也甘之如飴，因為這正是一道生命的跡象），就只是單單能夠與它共存而不陷入持續的鬱結。我不知道是在何處或由誰培養了這一代又一代創造出這幅世界末日、長長久久反烏托邦景觀的建築師、都市計畫師和其他工程師，但有一件事是確定的──如果存在一處地獄保留給這些職業及對它們下訂單和監督的人，我真心祝福他們在那裡慢慢煎熬，直到永遠。

　　現在想像奇蹟發生，一切停止了，我們被告知：「好吧，來吧，讓我們從頭開始，你們獲得全權委託，我們提供你們任何條件，來讓這個島嶼重新**適宜居住**，重新創造一個生活環境及一些尊重其居民的人的品質的居住之地！」好吧，確切地說，這個國家的問題，恰恰是都市計畫及建築上的災難已經到了如此嚴重的地步，已經沒有轉圜餘地，這排除了任何徹底重來的可能性。在不受節制的發展主義和生產主義及狂亂的都市計畫的影響下，對環境及景觀的破壞已經

達到一個這樣的飽和度，乃至於在這場災難後，人們無法再設想任何形式的重新規劃、任何讓可接受的宜居條件得以恢復的拆除／重建過程。

在西方傳統中，人們知道文明是會消亡的，而廢墟將機會留給了未來，留給了不斷自我發明並生生不息的生命——留給了文明的生成：人們可以重建、重新規劃、重新繪製都市景觀；而隨著宜居條件不斷改頭換面和重新安排，不同時代、文明，統治（等）所形成的層理（stratification）可以持續進行著。人們用高盧羅馬時期神廟的殘磚在中世紀為道路鋪砌路面。

在巴黎，奧斯曼男爵（Georges-Eugène Haussmann）[4] 在第二帝國時期摧毀了老舊的貧民街區，並透過筆直寬闊林蔭道的登場及著名的以他來命名的奧斯曼式六層建築的一致化，徹底改變了這座城市的景觀——這種種在當年皆被視為非常激烈。就這些措施加速了資產階級對巴黎西邊及中心的征服（損及下層人民的利益），從而導致巴黎的城市地理改觀這一點而言，情況確實如此。（這個由不同階層征服首都的過程，在今日以整個巴黎市的布波化〔boboisation〕告

---

4 譯註：喬治—歐仁·奧斯曼（1809-1891），1853至1870年擔任塞納省省長，主持巴黎改造計畫，包括拆除老舊街區、修建街道、擘劃林蔭道、公園、廣場、下水道，奠定巴黎的現代化。

終）。但儘管如此，首都並沒有變得不宜居住，而奧斯曼式建築現在也跟巴黎的景觀及它部分的生活模式緊密結合在一起。當這些建築老舊頹圮並變得不符合衛生要求時，人們可以用一些更加現代的建築來取代它們，並且不見得會破壞整排建築物的整齊劃一、建築正面的景觀及街道的整體樣貌。

對比之下，臺灣西部讓人震驚的是都市計畫災難積重難返之明顯。如同一團又一團的混凝土，那些在此層層疊疊的東西，拿了整個「後混凝土的」、後高速公路的，以及不被囚禁在經濟成長教及金權前景（horizon ploutocratique）中的未來當抵押。這種都市計畫是**以積重難返的方式劫持了未來**。即便在一場核能災變或將這所有一掃而空的世界末日之後一切盡成廢墟，這景觀依然不宜居住。此外，這一切就如同在中國大陸的大都市裡的情況一樣，同一齣自尋死路的劇本再一次上演著。

或許你們可以說這是野草的範式（le paradigme des herbes folles）。觀察那些傳統平房，它們由紅磚砌成，至今猶存，或多或少處於被棄置或成廢墟的狀態，在臺灣幾乎隨處可見，特別是在鄉下，在村莊和小市鎮裡。而你們看，一旦它們被棄置，植被、野草便會以何等的速度在磚塊間重新探出頭來，鑽入廢墟，並重新構成一幅野生景觀，小型哺乳動物、鳥類，還有花草樹木在這裡取代了人類，沒有過渡階段或幾乎如此。這就是我所說的一種謙卑的、在人的尺度上的

建築和棲居模式，它將它的機會留給未來。但百萬噸的混凝土恰恰相反——野草不會長在混凝土上，這種整全的（molaire）、[5] 靜止不動的、並且從根本上敵視生命及生成的表面。更一般地說，**生命不會重新生長在混凝土的廢墟上。**

正是在這裡，我們開始接近我們的主題——當人們不再能夠希望藉著毀掉當下災難（le désastre du présent）的源頭（這些正是人們所認為的臺灣繁榮引為基礎的掠奪式發展主義及成長與創新宗教）來重建全部的生命形式，當人們放棄革命論述（社會主義的、共產主義的……）在全球尺度上所抱持的那種涵蓋一切並全有或全無式重建的觀點時，那麼**人們應該要從間隙和野草的角度開始思考。**正是在災難的缺口和裂縫中，而不是在它難以想像的廢墟上（如眾所周知的，社會主義曾被認為應該會建立在「資本主義的廢墟上」），我們必須實驗一些做法，想像一些旨在重新發明生活、旨在想像出其他生活框架及形式的部署（dispositifs）。並且，正是在這裡，我文章標題中提出的三個主題展現出它們全部的

5　譯註：molaire跟後文出現的moléculaire是一組成對的哲學用語，molaire指將一組事實當成一個整體來考量，moléculaire則反過來指在細節中考量事實，或將一個整體的每個要素以個別的方式加以關注。考量本文中作者對molaire及moléculaire的運用方式，我們將前者譯為「整全的」，後者譯為「分子的」。

重要性：**異托邦、共同體、生命之所在**（hétérotopies,
communautés, lieux de vie）。

　　簡單地說，烏托邦是期望、情感、想像力在虛構中、在
敘事中的投射。在西方，烏托邦從柏拉圖以降基本上被視為
一種文學體裁、一些故事，並且在歐威爾的《一九八四》中
截然倒轉成反烏托邦，這些故事在我們的社會中不斷發展。
在今日，並且這當然是一個時代的徵兆，反烏托邦已經用它
的灰燼鋪天蓋地覆蓋住烏托邦。無論如何，就烏托邦在不具
真實可靠性的、想像的、虛構的空間建構中找到其最生動的
表達這一點來說，它不僅堅決地與想像為伍，同時也堅決地
與虛構為伍——並且，甚至正是因此，這些烏托邦經常才得
以如此完美無缺、井然有條、工工整整。它們實現在一些無
空間的空間（espaces sans espace）中，並且確實在此處結成
了它們在重新連結現實方面所遭遇的內在困難。從這個意義
上說，烏托邦仍然站在夢想這一側，並且這也就是為什麼在
日常話語中它經常帶著貶義——「這全都只是烏托
邦！」——純然的遐想，既不實際也不可靠……

　　從1960年代開始，正是在烏托邦的這個缺口中浮現出異
托邦的主題，並且在傅柯的推波助瀾下，迅速地熱絡了起
來。對比於烏托邦，異托邦是一種他異空間（un espace
autre），這空間真實存在著，並且被賦予了一種批判的性
質，或者是一種反對及抵抗現實及當下的宰制形式（formes

dominantes du réel et du présent）的屬性。在實際的表現模式中，異托邦總是一個東西（un objet）或一個地方，但是透過一種變化無窮的方式——一種自在地（en soi）、大寫的**異托邦**之實體（substance）並不存在，實際存在著的是一些異托邦，它們總是「在狀況中」（en situation），也就是說，相對於現實的（「主要的」）宰制形式，它們以變化無窮的方式，體現著差異及他性（altérité）。就此而言，我們也許可以說，正是這些既密實（compactes）又整全的最後的宰制形式，透過無止盡的對立作用，召喚出並激發了對異托邦的迫切需要：在工作中的生命需要假期，後者原則上具有一種異托邦的性質；為了抵抗家庭和學校秩序帶來的壓力，小孩需要一些異質的空間，只屬於他們，如森林中的小屋、花園深處的藏身處、退縮其中並只有他們熟悉寵物為伴的秘密角落等。相較於大陸，島嶼本身就具有異托邦的特質，這讓一些略懂傅柯的聰明人能夠支持這樣的論點，即認為跟鄰近的大陸強權相比，臺灣本身就是一個異托邦。這可謂一個典型的投機取用時髦概念的例子（一個如此明顯向一套整全的及霸權的部署看齊的「異托邦」——臺灣正是如此——並不會知道如何成為一個嚴格來說的異托邦。）

　　不過，坐落在山丘上的原住民部落確實具有異托邦的功能及性質，即便出於各種原因並經由多種方式遭到了相當的破壞。原住民村落是好的，無論從地形、還是從生活

模式的角度來看皆是如此，是西海岸連綿成片的都會區（conurbation）的**他者**，跟那種在島嶼空間中宰制的並死路一條的「模式」對立、有時對抗的一個他者。

● 阿里山得恩亞納部落（鍾聖賢攝）

面對一個宰制的周遭（milieu），異托邦總是處於少數的（minoritaire）或次要的（mineure）位置上。它是一個特殊地點，與周遭有別——它或多或少遠離後者，謹慎、秘密、隱藏、避人耳目（furtif）、不斷移動等。它實現了多種功能：一個逃離、避難、抵抗、爭議、也許還有安慰的地方，即便傅柯說給人安慰的是烏托邦，而意在讓人不安的是異托邦。無論如何，相對於宰制的空間，它始終是一條可能的逃逸路線（ligne de fuite），並且，這當然是為什麼它在

我們的社會中扮演著如此決定性角色的原因——在這個社會中，將我們指定（assignation）在這些空間上（機構、機制、周遭……）的情況是如此具有涵蓋性、如此無法抗拒，而且往往是如此粗暴。在此，我們有必要強調，與其說異托邦是實體，不如說它們是功能。讓我們舉一個簡單的例子：在許多情況下，山丘、山脈、森林皆可扮演異托邦的角色——作為受迫害者、對國家、稅收和徵兵感到厭惡者，逃兵、土匪、異教徒等等的避難所。但是儘管如此，這些事物**在本質上**並不是異托邦，也不是什麼另一種——相反，它們可以是各種其他的東西，甚至當被國家殖民時，被木材、礦物、白金（雪的資源性，例如作為冬季運動勝地）等開採所固定利用時，它們也可以是異托邦的反面。

另一方面，異托邦常（但非總是）與**共同體**公開或秘密地為伍。以盡可能簡單的方式來說，共同體在此是跟社會——作為共同生活組織的宰制形式（forme dominante d'organisation de la vie commune）——相對立的東西。社會藉著群體及個人的劃分（répartition）而運行著，它將這樣的群體及個人所在的各個地點，固定在包含著種種關係、階層及互動的一些既緊密又高度規範化的網絡（réseaux serrés et fortement normés）中。「社會」體制（le régime du social）[6]

---

6 譯註：引號為譯者所加，藉以強調這裡所說的社會是稍早提及的那種相對於共同體的社會。

的特性是,在一個基本上冷漠的一般體系中,「每個人在他的位置上」;街上的行人不會相互擁抱,他們寧可視而不見;並且,在這個體系中,一些強烈的情感表現也被指定在某些特殊的空間中,如家庭、供婚外情侶消費的**愛情賓館**、愛國聚會、足球比賽等。

相形之下,共同體被歸在其下的一般體制則是「熱的」,法國哲學家讓─呂克・南希(Jean-Luc Nancy)說,它是主體性相互展露(l'entre-exposition des subjectivités)的體制,也就是說每個人對他人展露不斷反覆增強模式的體制。共同體必然是情感的,它以一種全面的方式讓每個人參與到它的集體命運中。[7]

南希之所以談到**解構的**共同體,正是因為在20世紀的歐洲,這項共同體的全面化(la totalisation communautaire)的主題被民族主義運動及極權體制(當中包括納粹的**血統共同體**)徹底誤導方向,而我們必須經過一次徹底的哀悼工作(travail du deuil)[8] 才能夠跟這個主題重新銜接上。共同體已被褻瀆,最惡毒的政治和意識形態毒藥已經染指了它,正因如此,並有鑑於20世紀的歐洲歷史,有很強的誘惑促使人

7　參見讓─呂克・南希《解構共同體》(*La communauté désoeuvrée*, 1990)。

8　譯註:哀悼工作或哀悼作用是弗洛伊德在1917年文章〈哀悼與憂鬱〉("Deuil et mélancolie")中提到的概念,指人在失去所愛時在心理上所歷經的從抗拒現實到接受現實的過程。

宣稱這個主題是**無可挽回的**。

　　然而我相信，毀滅性歷史災難的20世紀世界之後，我們必須堅決抵制這個誘惑，力圖跟共同體這個主題重新銜接上。除了其他的因素，對共同體造成如此嚴重破壞的一個因素是它被捲入在民族國家的歷史和命運中，被捲入既整全又密實的結構中，被捲入與所有這些既密實又整全的權勢——民族國家、政治制度——對峙下所滋生的權勢遊戲密不可分的意識形態及政治制度中，如民主國家與極權政權、共產主義與資本主義等。因此，在後於災難的世界中，共同體的主題要重返、重生，唯有立足在一種分子的（moléculaire）、根莖的（rhizomatique）、[9] 分散的、避人耳目的模式上，**而正是在這裡，它與異托邦的交會是決定性的**。正是在社會和政治秩序的間隙中，在它的缺口和裂縫中，這些交會才會發生，並且我們可以藉著促成更多交會及強化這些交會，把它們變成一個試驗場。

　　從這個角度來看，我們便可以明白，替這種交會提供機會的異端的及另類的建築計畫之所以重要的緣故。這裡所觸及的，正是一些在其中生命之所在、異托邦和共同體三個主題之間形成一種堅不可摧關聯的計畫。

9　譯註：法國思想家德勒茲和瓜達里（Félix Guattari）利用根莖（rhizome）的生物特性，來指涉一種在所有水平方向上不斷演變並且沒有層次的結構，與金字塔結構（或樹狀結構）形成對比。

一同想像及實驗一些新的生命之所在，比起以往任何時候都更加緊迫。而這些新的生命之所在跟新生活形式是密不可分的。在此，我們可以回想一下，整個20世紀並且幾乎在世界各地，還存在著另一種共同體傳統及一些其他的生活形式，因此也存在著一些其他生命之所在，有別於我方才所談到的死路一條傳統的另一種傳統；一種次要的傳統，結合著在共同體形式上的不同經驗，且位於現代國家、民族主義體制和極權力量相關做法的對立面上；一種呈現在一個**分散的傳奇**（une *légende dispersée*）形式下的傳統——從那些在1917年革命之後出現在俄羅斯或烏克蘭的共同體生活形式（在都市裡，也在鄉村中），再經過你們可以在文學、[10] 電影、音樂等領域中找到無數痕跡的諸多分子經驗（expériences moléculaires），最後在1968年大規模的共產主義—極端自由主義運動後的幾年間在西歐和北美蓬勃發展的共同體生活形式。

在宰制的（也就是主要的）居住形式所面臨的危機達到前所未有的激烈程度的背景下，今日我們需要重新找回的，正是這個次要傳統的線索——在今日的臺灣，如果你們屬於底層階級，出於經濟因素，你們將被迫生活在那些釘上鐵窗

---

10 例如，小說家D. H. 勞倫斯（D. H. Lawrence）全部的作品（及人生）都被共同體的主題所貫穿。

內部幽暗的兔籠裡，這是低收入人口的標準棲居；如果你們屬於富裕的中產階級，則不可能或幾乎不可能跳脫在某個迷你隔都（micro-ghettos）[11] 中買房置產的規矩，其型態是那些被稱為**公寓**（condos）的**門禁社區**（gated communities），配備許多密碼、警衛及監視攝影機。如果沒有足夠豐厚的資產繼承，你們將為這項購置背負隨後三十年的債務，這是典型僅限新富豪貴族成員持有的空間，一個陰沉的空間，每個人念茲在茲的是，在光彩奪目的粗大柱子及其他財富外顯標誌的形式下，展現其尊貴與優渥。[12]

生活形式愈是庸俗、受害愈深，無論是由於財富還是出於貧困，居住的危機就益發明顯——我們也愈不清楚到底是如何、在哪裡、跟誰居住在世界上及居住在我們被指定的空間裡。

這場危機加深的一個非常明確的徵兆是一些**泡泡**（bulles）、一些**界域**（sphères）及一些**繭**（cocons）在所有北半球的國家中擴散的現象，試圖在一個宜居性始終愈來愈成問題的環境中，以完全不切實際的方式，重新建立起一些

11 譯註：隔都（ghetto）一詞出現於16世紀，用來稱呼威尼斯城中猶太人被強制集中生活的區塊，後來用來指稱少數族裔的聚集區。此處，作者拿隔都一詞來稱呼那些將自身與周遭隔開的門禁社區。

12 SUV＋豪宅＋美語學校，這種惹人反感的「文明」是臺灣貴族的標誌……（譯按：SUV指多用途休旅車）。

豁免條件（安全的強化）。這個現象尤其跟環境的日益惡化（一個在臺灣格外引人擔憂的現象）及全球暖化有關。隨著四周的及共享的世界變得愈來愈不宜居，那些有辦法的人日益退縮到界域中、泡泡中，其原理當然首先是選擇性的和歧視性的。從這個意義上說，界域或泡泡的特點是它具有一套進入密碼，並且不是人人皆有。因此，從這個意義上說，**門禁社區**、SUV、時髦的空調咖啡館、跨國公司總部所在的高科技辦公樓，當然還有未來富人會在他們迪士尼樂園風格的房子地下建造的輻射掩蔽所（等等）**都是泡泡**。

顯然，泡泡的首要特徵是它藉著厚薄不一並密封的膜，將自己跟外部封閉起來並且分隔開來。它的存在建立在對立的原理上，而不是內部與外部之間的暢通。幾週前，我和一些朋友在屏東地區的鄉間小路上騎自行車。有一次，我們停在了一家咖啡館那兒，朋友們吹捧它是一個格外讓人賓至如歸之處。事實上，我們可以說，這個地方特別之處在於它建立在**雙層泡泡**的原理上：首先是咖啡館本身，被構想成藉著樹叢和植被而跟鄉下相當髒亂的環境（就像臺灣隨處可見的情況，田裡的塑膠廢棄物，馬路沿線的杯子及鋁罐等）精心隔絕開來的空間。因此，**第一層泡泡**便是咖啡館跟它的花園，精心維護、乾淨、舒適，並且安靜地播放著通俗的放鬆音樂；然後，**第二層泡泡**是泡泡中的泡泡，像是某種溫室，這裡頭空調全開，勇健的自行車騎士聚集在此，邊喝咖啡，

邊稍事休息及涼快一下。

　　在我看來，藉著這個非常簡單的例子，我們在這裡掌握到的是在北半球的國家中，人們在世界上的生活或居住正在變成的範式，尤其是在一個像臺灣這樣在環境上及氣候條件上惡化得特別嚴重的國家中——有辦法的人總是藉著將自己封閉在由他們所獨享的泡泡中而更加自我保護。其他人，所有的其他人，亦即大多數的人則注定以一種始終受害更深的方式面對著種種條件，這些條件來自他們必須直接暴露在周遭世界（du monde environnant [*Umwelt*]）與日俱增的不宜居性而產生的諸多風險中。這將愈來愈成為階級劃分和鬥爭上的一種新形式：在界域中和泡泡中的貴族，相對於直接暴露於蓋亞（Gaïa）被毀滅後果的底層人民（plèbe）或無產階級。[13]

　　同樣地，依我所見，在一些像臺灣或中國的國家中，另一個也具有將生活模式封閉其中、帶著死胡同特點的事情，就是**購物中心**（malls）的不斷增加。購物中心明顯地呈現出一種異托邦的特點：當外面的世界由於熱浪來襲或空氣汙染而使人感到窒息時，這是涼爽的地方；有別於工作或家庭的世界，這是人們閒逛（flâner）及消磨空閒時間的地方。但

---

13 布魯諾・拉圖爾（Bruno Latour），《面對蓋亞——關於新氣候狀況的八場會議》（*Face à Gaïa – huit conférences sur le nouveau régime climatique*, 2015）。

明顯地，這也是一個反烏托邦的地方——一個獻給商品崇拜的混凝土怪物，一個從照明開始一切都是人造的地方，一個典型的虛幻及失實（déréalisation）的地方。人們不是去那裡閒逛，從事這個波德萊爾（Charles Baudelaire）口中最具代表性的詩意舉動，而是去**購物**。因此，就此而言，購物中心是一個可怕的部署，因為它成功地將異托邦的特點（原則上是有益的）與最當代的和最被證實的（avérée）反烏托邦的特點結合起來。因此，我們必須以它的名字來稱呼它：一個**帶有當下災難**（le désastre du présent）**色彩的反異托邦**（hétérodystopie）[14]——我希望下一次你們踏進一個這類的沉淪之地時，你們會想起這個饒富學問的新詞（néologisme savant）。

出於一些跟臺灣的人口定居史有關的原因，臺灣這個島嶼的人文地理跟詹姆斯·斯科特（James C. Scott）在他2009年的名著《不受統治的藝術：一個無政府主義的東南亞高地史》（*The Art of Non Being Governed, An Anarchist History of Upland Southeast Asia*）中描述的佐米亞（Zomia）世界具有一定的契合性（affinités）；在這部作品中，他將在這片遼闊的佐米亞地區（位於中國南方、印度、泰國、寮國、柬埔

---

14 譯註：作者結合異托邦（hétérotopie）及反烏托邦（dystopie）而創造出的新詞（hétéro + dystopie），在性質上是異托邦的相反，譯為反異托邦。

寨、緬甸的交界處）中的高地或山丘的（人類）世界與山谷
和平原的世界對立起來。以極為簡要的方式來說，他認為佐
米亞的特點來自：它是對於國家和經常透過人口在空間上的
固定（sédentarisation）、穀物種植（斯科特談到稻作國
家）、稅收、徵兵、強迫勞動和奴隸制而進行的人口國家化
（l'étatisation des populations）的各種抵抗的退縮空間
（espace de repli）、避難所、落腳點。佐米亞就是退縮到那
些難以抵達的高處、既遼闊又充滿動態的異托邦，跟那種在
谷地裡發達興旺的國家文化（la culture étatique）相反。從社
會組織的角度來說，這是被國家權勢的傳聲筒說成是部落和
少數民族的那種世界，也就是說蠻族和野蠻人的世界。從生
活模式的角度來說，相較於更階層分明的山谷世界，這基本
上是一個遠遠更加平等的世界。從宗教和信仰的角度來說，
這是一個各種先知論（prophétismes）、救世主降臨說
（messianismes）及少數宗教興旺的世界。還有，最後，這
經常也是一個這樣的世界，其住民如果說不是沒有傳統的
話，然而卻對歷史——就那些受國家統治的社會（sociétés
étatiques）所賦予這個詞的意義而言——的主題不是非常關
注，並且也相對較少在書寫（l'écriture）方面有所著墨，而
對於斯科特來說，書寫的命運跟國家的命運密不可分。

　　我當然不會聲稱這個粗略概述的模型可以套用在今日臺
灣的現況上，更何況斯科特明確表示他所描述的是一個今日

已經消失的世界，就連在佐米亞都已經消失了；我很單純地想要建議的是，我們可以從中找到各種啟發，在臺灣脈絡中來（重新）思考宜居性和異托邦的問題。在這裡的所有人都知道，如果你們要想找到一些間隙，而當中一些宜居的及適合生活的地點可以被想像及規劃出來，**你們就必須上山**，從住民的角度來說，這也意味著去次要的世界，這不僅指那些原住民，還有身處在平地人口擁擠、都市集中並且過度工業化的宰制性空間及領土中（主要是沿海平原、谷地），有一些人出於種種理由而遠離這種現實生活中形形色色的反烏托邦。

上山、找尋間隙，就是走向樹，學習與樹一起居住，而不是學習與可怕的都市設施和低處比比皆是的巨大廣告看板一起居住。在這裡，由於將島嶼和北美——宛如這兒是世界的大腦（哈哈大笑）——連起來的心靈高速公路，一旦我們提到森林作為避難所或求助對象的主題，梭羅（Henry David Thoreau）的《湖濱散記》（*Walden*）就不可避免地跑出來阻礙談話……但是，《湖濱散記》除了是套用草創期生態學及有點童軍版的白人征服美洲（在傷害最早住民的情況下）之外，它還是別的東西嗎？與自然的合一就如同伴隨著印地安人的種族滅絕和白人的領土征服而響起的輕柔音樂？在閱讀這一帖田園生活及與森林為伍的心靈小品時，人們幾乎忽略在背後支撐這個主題——也就是說**向森林求助**，或者用異

托邦的話來說，**林中小屋**——的強度的，正是危險：岌岌可危的人類共同體，它經常暴露在一種死亡的危險下。與此有關的寫照可說不勝枚舉並且各式各樣：在科幻小說《華氏451度》（以及電影）的結尾出現的書人社群；[15] 德國作家阿諾・施密特（Arno Schmidt）出版於1953年的《來自農牧神生活的場景》（*Scenes from the Life of a Faun*），還有以二戰期間的法國抵抗運動、切・格瓦拉（Che Guevara）時代的拉丁美洲游擊隊，或者更接近我們的菲律賓類似題材為內容並且作品數量豐富的整個文學……

　　特別要藉著這幾天的活動向我們推崇的建築師[16] 致敬，他的努力與遭逢災難的人類社群、群體是如此地密切相關（由於災害導致這群人的完好性、凝聚性和生活模式陷入危險境地），這當然不是沒有道理的。支撐這份努力的反思建立在針對災禍後重建習以為常的程序所作的徹底批評上（基

---

15 譯註：《華氏451度》是美國作家雷・布萊伯利（1920-2012）所著的反烏托邦小說，1953年出版。故事主角蒙塔格（Guy Montag）是一名消防員，其工作不是滅火而是焚書，而華氏451度正是作者認定的紙張燃點。隨著故事發展，拒絕焚書的主角在逃亡中遇到了一群書人（hommes-livres），以一人負責熟背一本的方式，讓書本即便遭焚依然能夠留存。

16 譯註：2022年5月20-21日作者與謝英俊建築師於國立成功大學共同舉辦之專題講座「部落／社區——烏托邦」與「田園城市與互住時代」工作坊，作者在研討會發表本文。

本上，這類重建的特點是並未將應當從這些不幸及損失中記取的教訓納入考慮），這不是沒有道理的（而確切地說，這種批判著眼於我們被定置其中的地點的居住模式，包括空間規劃、劃分、材料、由居住形式所帶來的人與人的關係類型等）。在這種情況下，建築成為針對我們社會中宰制居住模式所展開的一種徹底批判性實踐，這不是沒有道理的。藉著以次要的模式（en mode mineur）在生活之地這方面努力，當中所涉及的正是為了重新奠定生活模式本身而積極奮進（s'activer），並且正是在這裡，異托邦（種種不同—空間（espaces-autres）的發明）和共同體（不僅是所謂的「一起生活」〔le «vivre ensemble»〕，而是以平等為基礎的「共同」精神〔l'esprit du «commun»〕的恢復）二者所構成的雙重主題在整體視野上啟發了這個努力。

●謝英俊建築師於得恩亞納部落之永久屋作品（常民建築攝）

　　這整個努力伸向未來，並構成了一種召喚，要讓野草四處叢生，在占多數的空間占據形式所構成的混凝土板塊間的間隙中不顧一切地叢生。據此，我們在這裡可以看到烏托邦重新冒出。然而，你們可以清楚地看到，一旦烏托邦從小說中、從純粹想像的虛構中朝向居住、生活之地的重建移動時，一種決定性的變動也同時發生：在第二種情況中，烏托邦變得實際而具體，它植根在空間及生者親身經驗的世界（le monde vécu des vivants）中。如果我們朝這個方向前進，我們可以清楚看到，烏托邦和異托邦不再是分開的，而是在不相互混淆的情況下相互交疊，趨向成為一個連續體。回到我上面舉的例子，並且在一個完全相反的意義上，我們可以說，對於其一般使用人來說，**購物中心**不僅是**反異托邦**，而且也是大寫資本的烏托邦（l'utopie du Capital）。或者，更準確地說，它們是**反異托邦，由於它們是大寫資本的烏托邦**。

　　在這裡有必要好好理解，為什麼在提出異托邦的短文和談話中，傅柯拿它來反對烏托邦，或者毋寧說是拿它跟烏托邦對比：他說，烏托邦得以開展及興旺的環境是**時間**，而更確切地說，是歷史時間。烏托邦作為一種文學體裁及想像的載體，它的興旺，在現代西方社會中，跟歷史意識的開展（le déploiement de la conscience historique）、跟被當成人類生活環境的大寫歷史的成長（la croissance de l'Histoire

[*Geschichte*]）是分不開的。然而，傅柯說，跟這種一切皆歷史（tout-Histoire）的情況相反，也許是時候讓我們回到作為生活環境的**空間**上，改變交談所用的字眼，在當下將空間問題重新放在我們關注焦點的優先位置上；這要說的當然是地理的問題、地緣政治的問題，但不僅是地形的問題、領土規劃（aménagement du territoire）的問題，還有，我們今日非常關切的在跟空間及領土的關係下的資源問題（開採的問題、開採主義）。[17]

在北半球，都市計畫師和建築師很快就抓住了傅柯給他們帶來的機會，從異托邦這個神奇字眼上取得自己的好處；但在絕大多數的情況下，卻沒有引領他們去質疑他們堅決與房地產市場和資本主義國家前提下的領土規劃為伍這件事情。

今天，這大體上是一種災難性的**當下論**（présentisme），[18]它基本上取代了約莫在20世紀末被蘇聯解體所掃除的「一切皆歷史」。這種盲目的當下論被包覆在視災禍將至（la

---

17 譯註：開採主義（extractivisme）基本上指以自然資源開採為主並且包含極少或相對有限加工處理的生產模式。

18 譯註：le présentisme或譯為現在論、現時論、當今論、當下主義，考量譯文中將le présent譯為「當下」，故將之譯為「當下論」。當下論認為只有當下存在，過去及未來皆不存在。從本體論到時間觀或倫理學，這個核心論點可以有不同的延伸及詮釋。

catastrophe annoncée）的體系中，無論是這種災禍是環境的還是戰爭的，如同全球暖化、全球擴散的普世論帝國主義式民主（la démocratie impérialiste universaliste globalisée）所掀起的新十字軍東征……在這種天災人禍的背景下，歷史時間的問題和空間的問題趨於融合，表現在愈來愈急迫地尋找退縮空間、避難所，以及能夠抵擋將至災禍的據點。菁英們已經想到了兩條逃離路線：一條將他們引向**掩體**（bunker）、輻射避難所、完美的混凝土泡泡，但顯然是少數幸運兒（happy-few）；第二條將他們引向**備胎星球**（planète bis），這是沉迷於外太空旅行的億萬富翁的烏托邦，一條更加局限於少數幸運兒的出路……在這些殘酷的選擇性和新達爾文主義的「解決方案」中，沒有什麼能夠吸引我們這些平庸人（gens du commun）的……

　　因此，我們必須想像和努力建構的，是對所有人開放的一些空間及一些背棄（défection）、叛離（désertion）和抵抗的行為。我們無法提出全面性的替代方案，以取代宰制的生活形式，更別說推翻它們了；我們是位居邊緣和邊界的一群少數、邊緣、避人耳目甚至不可見、有時徹底被社會排斥的人；我們並不志在成為多數，而是志在**陪伴世界末日**，它**宣告**生產上、發展上、成長上的宰制模式，以及與之並行的生活形式之終結。這種陪伴是主動的，其方式是促成更多的

背棄及異議的行為，這不可避免的後果是，在包圍著我們的災難的裂縫中創造出一些另外的空間、其他的生活及實驗之地。它不是一個計畫，可以拿來對抗當下災禍（la catastrophe du présent）的一個完整的**社會或政治工程**模型（並且我們從何處擺脫它呢？），它是一些植根於我們最直接的（在現階段也是分散的）的**背棄或叛離**實踐中的衝動（impulsions）。

在兩位義大利朋友路卡・沙勒薩（Luca Salza）和皮耶蘭德亞・阿瑪托（Pierandrea Amato）最近出版的一本題為《世界末日——流行病、政治、叛離》（*La fin du monde: pandémie, politique, désertion*, L'Harmattan, 2021）的小書中，我找到了今天的背棄政治（une politique de la défection）可以立足其上的部署的最佳定義：「我們必須訴諸不存在的東西（ce qui n'existe pas），作為我們在此、在一起、有別於以往的唯一機會。」

事實上，這是因為，如果我們不訴諸不存在的東西，也就是說，不訴諸無法還原到當下條件（conditions du présent）的東西（因此是只能從與當下條件的徹底決裂中得出的東西），我們就會被迫重蹈當下災難（le désastre du présent）的覆轍中——這正是蘇聯和東歐社會主義政權的命運——更不用說今天中國的大都會了。我們對於改變的想像與渴望，只允許我們藉著既短暫又分散的光亮（brefs éclats

dispersés）來預示一個真真實實地從當下解放出來的未來，
而這正是異托邦的間隙和背棄舉動的功用；但它們無法取代
只有**未來的人民**（un peuple de l'avenir）才能發明的東
西——這個人民今日嚴重地缺乏。正如我的義大利朋友所說
的那樣，我們所能做的不是做做白日夢及搞出一些不可能的
計畫，而是不要浪費我們「在此、在一起、有別於以往」的
機會——打造出一些團體、在共同的視野（l'horizon du
commun）下，一起努力、毫不懈怠地激發我們跟「以往」
不同；把我們從成為我們被設想要成為的東西的這種指定中
解放出來——這包含一切可以歸入「以往」一詞下的東西，
以及一切讓今日和明日成為昨日俘虜的東西。

　　我們不是大型的掠食性野獸，我們不會掐著大寫資本的
脖子，並強迫它「吐出來」（《國際歌》〔L'Internationale〕
歌詞），我們是螞蟻。我們不應該害怕說我們做著一份螞蟻
的工作，微不足道，肉眼幾乎看不到，然而卻堅持不懈。就
目前而言，我們是逃亡者、盜匪、異端、被社會所排斥的
人、異議分子所形成的一些又小又分散的人群，但潛在上我
們可能是人數眾多、大眾、多數人（the many），就像螞蟻
一樣。矛盾的是，我們一直都有時間，因為我們知道災難不
是矗立在我們面前的東西，不是發出威脅的東西，而是最糟
糕的**已經降臨的這個當下**。於是我們繼續，因為我們知道在

我們的時代和我們的時間當中，這是與死亡展開鬥爭的唯一方法。

本文為作者於2022年5月21日於「田園城市與互住時代」工作坊所發表之論文

異托邦　共同體　生命之所在
Hétérotopies, communautés, lieux de vie

著　　者 | 阿蘭·布洛薩（Alain Brossat）
譯　　者 | 湯明潔、陳韋勳、王紹中
審　　校 | 羅惠珍

發 行 人　蘇芳慶
發 行 所　財團法人成大研究發展基金會
出 版 者　成大出版社
總 編 輯　游素玲
執行編輯　吳儀君
責任編輯　楊茹蘭、廖柏皓
地　　址　70101台南市東區大學路1號
電　　話　886-6-2082330
傳　　真　886-6-2089303
網　　址　http://ccmc.web2.ncku.edu.tw

出　　版　成大出版社
地　　址　70101台南市東區大學路1號
電　　話　886-6-2082330
傳　　真　886-6-2089303

排版設計　菩薩蠻數位文化有限公司
印　　製　方振添印刷有限公司
初版一刷　2022年12月
定　　價　300元
I S B N　978-986-5635-73-2

國家圖書館出版品預行編目（CIP）資料

異托邦　共同體　生命之所在 / 阿蘭·布洛薩（Alain
　Brossat）著；湯明潔, 陳韋勳, 王紹中譯. -- 初版. --
　臺南市 : 成大出版社出版 : 財團法人成大研究發展
　基金會發行, 2022.12
　　面；　公分

　ISBN　978-986-5635-73-2（平裝）

　1.CST: 布洛薩（Brossat, Alain）2.CST: 學術思想
　3.CST: 哲學
146.8　　　　　　　　　　　　　　　111018599

教育部玉山學者計畫
教育部高等教育深耕計畫
國立成功大學歷史學系